AF243214

— G. DUPUY —

PROJET

D'ORGANISATION ADMINISTRATIVE

ET

L'APPLICATION DU SUFFRAGE UNIVERSEL

NÉCESSAIRE

AU DÉVELOPPEMENT MATÉRIEL ET MORAL

DU PAYS

CONCILIER

PARIS

LIBRAIRIE UNIVERSELLE DE GODET JEUNE

PLACE DES VICTOIRES, 9

Et chez les principaux Libraires

1875

AVANT-PROPOS

Au moment où les partisans du passé, les conservateurs
de l'organisation monarchique, mécontents de ce que le
Suffrage universel ne leur est pas exclusivement favorable,
vont chercher à le fausser, à le réduire encore, à évincer
le nombre qui leur échappe, et à écarter toute autre direction que la leur,

Nous, travailleurs, croyons devoir soumettre à l'appréciation de nos concitoyens un système d'organisation *équitable*, et une application du Suffrage universel selon le
droit et la *raison;*

Système et application qui, dans leur *simplicité*, suffiraient à mettre la nation en possession d'elle-même, sans
aucun trouble ni la moindre secousse;

A procurer à l'électeur, sa liberté; à la commune, son
indépendance; à la nation, des administrateurs au lieu de
gouverneurs; et, enfin, une République progressive, à l'abri
de toute usurpation.

De ce tout harmonieux découlerait certainement :

Paix et bien-être.

PREMIÈRE PARTIE

LE SUFFRAGE UNIVERSEL ET L'ORGANISATION MONARCHIQUE
SONT INCOMPATIBLES

A Messieurs de la Bourgeoisie,

Messieurs,

L'application actuelle du suffrage universel, qui ne vous satisfait pas, ne convient guère non plus aux travailleurs; la généralité reconnaît bien qu'ayant été privée d'instruction et tenue systématiquement à l'écart des affaires publiques, son jugement se trouve insuffisant.

Mais lors même que les travailleurs recevraient cette instruction *qui leur est due*, puisqu'ils en font les frais; lors même qu'ils auraient comme vous la pratique de la direction, ils ne pourraient, pas plus que vous ne le pouvez vous-mêmes, se prononcer sur la capacité et l'honorabilité d'un candidat étranger à la localité, inconnu, sans titres, et présenté par des Comités qui généralement se posent et s'imposent, dont la composition laisse d'autant plus à désirer qu'on y trouve souvent des membres trop connus.

Que nous présentent-ils la plupart du temps? Des gens qui auraient échoué dans la circonscription où ils résident, gens dont la prétention serait souvent sifflée par ceux qui les connaîtraient bien.

Et comment nous les présentent-ils? Affublés d'une profession de foi (ou plutôt de soi), sorte de cagoule, qui vous cache la face de l'homme.

Pour justifier leur patronage, ils citent ce proverbe évangélique : « *Nul n'est prophète en son pays,* » lequel en fait surgir un autre qui dit : « *A beau mentir qui vient de loin.* » Quand même ces Comités seraient formés régulièrement, c'est-à-dire nommés par la majorité des citoyens, il s'ensuivrait toujours que les candidats seraient choisis par eux; or, s'en rapporter à autrui, c'est procéder suivant un mauvais deuxième degré, lequel peut être encore plus mauvais si nous nous livrons à nos gazettes d'un sou, journaux faits spécialement pour nous et dans un but inavoué, feuilles qui nous traitent en esprits obtus.

Vos journaux, Messieurs, organes aussi de partis, ne vous satisfont pas non plus, ils n'ont pas toujours été bons conseillers. Cela prouve que nul ne peut apprécier la valeur réelle de l'inconnu.

Quant aux réclames chargées de surfaire les réputations, vous en connaissez la valeur mieux que nous.

Sous quel titre tous ces messieurs nous présentent-ils leurs créatures? Sous le titre de gouverneurs et de maîtres irrévocables, sauf à les évincer par des moyens violents que nous repoussons d'autant plus que nous connaissons les dindons de ces farces toujours à renouveler.

Tous ces meneurs sans droits, ces guides qui nous convient à les suivre par des routes opposées, embarrassent les esprits, font naître le doute. Ils nous invitent à abdiquer; mais si subir est pénible, se dessaisir de son *moi* est très humiliant. Ce que nous voudrions, vous et nous, ce serait d'être nous-mêmes et non la chose d'autrui.

Pour les ouvriers comme pour vous, Messieurs, les candidatures officielles, l'intervention administrative, les luttes insensées des partis, les sommes fabuleuses qu'ils gaspillent pour arriver, et à quoi? vous le savez!

Les scandales causés par les urnes garnies et les soupières, les bulletins mis par substitution, ces bulletins plus nombreux que les électeurs, l'ennui qu'amènent les candidatures dans divers colléges, les ballottages et les réélections, puis cette vérification des pouvoirs dans laquelle domine l'esprit de parti, toutes ces indignités inspirent un sentiment de répugnance.

Or, voter de cette sorte et sur l'inconnu, c'est ridicule ; aussi, en résulte-t-il que beaucoup d'entre vous et d'entre nous s'en réfèrent au proverbe qui dit : Dans le doute abstiens-toi !

Mais s'abstenir, c'est déserter et livrer la place, c'est livrer son arme défensive à l'ennemi pour qu'il s'en serve contre vous, c'est, enfin, se mettre en *servitude*.

Les intelligents des deux parts, disent qu'au contraire, loin d'abandonner le suffrage universel qui est de toute *équité*, il faut le débarrasser de toutes les impuretés dont on l'a couvert, et chercher à l'étendre à toutes les fonctions.

En fait de fraudes

M. Thiers vous a dit : « J'ai vu, sous l'Empire, des fraudes
« extraordinaires; elles sont facilement praticables; avec le suf-
« frage universel, la difficulté est de connaître les électeurs, il
« faudrait pouvoir s'assurer que celui qui est nanti d'une carte
« électorale en est bien le légitime possesseur. A Paris, j'ai vu

« déposer des bulletins dans l'urne, par des personnes à qui ils
« n'appartenaient point. » Il a dit encore : « Sous l'Empire,
« *quatre mille* personnes ont pris part au vote dans la circons-
« cription où j'étais candidat, sans que les cartes dont ils étaient
« porteurs leur appartinssent. »

Cela donne à la fois la valeur des étais monarchiques. Il faudrait donc, comme le dit M. Arago, empêcher toutes fraudes
par substitution de personnes.

Suivant M. Thiers, il faudrait *localiser les élections.*

Quant à vouloir écarter les électeurs de l'urne (*le nombre*) c'est
du machiavélisme de la part d'aventuriers qui, ne pouvant surprendre le pouvoir, cherchent à se faire une armée de mécontents, pour en tenter l'assaut.

Pour nous, il serait *inique* de priver de ses droits celui qui
remplit tous ses devoirs.

Quant à l'identité, il est facile de l'établir, ne fût-ce que par la
carte civique aidée de la photographie légalisée, ou par tout
autre moyen dont nous ne nous occuperons pas dans ce travail.

Du vote obligatoire.

Notre système de députation proportionnelle intéresse la commune à avoir le plus de délégués possible, en laissant aux citoyens
leur initiative, et il réclame si peu de dérangement que les plus
indifférents feront leur devoir. Du reste, la carte civique pourrait
n'être délivée qu'à ceux qui auraient voté; alors les abstention-
nistes se trouveraient sans titres, comme les interdits.

Les conservateurs de l'organisation monarchique, ceux qui
désirent réglementer à nouveau le suffrage universel, ne consul-
tant que leur intérêt particulier, disent que, du moment où le
paysan quitte sa commune, pour se rendre au canton à l'urne
électorale, il cesse de s'appartenir, et que son vote devient, pour
ainsi dire, la proie des gens qui font de la politique un métier,
un trafic, pour le compte du parti dont ils sont les misérables
agents. (Voir le *Courrier d'État* du 7 septembre 1872.)

Ceux qui tiennent ce langage veulent tout simplement éloigner les guides qui leur sont opposés, afin de rester seuls pour
diriger le paysan, notre frère des champs, qu'ils traitent en enfant
et tiennent dans les ténèbres de l'obscurantisme; ils voudraient
lui faire éviter le contact des citadins qui pourraient l'éclairer, ils
se disent qu'il est temps de le parquer.

Car, chaque fois qu'il va au canton, il entend ses frères formuler des vœux qui le font réfléchir et qui lui font comprendre
qu'à l'ouvrier des champs, comme à l'ouvrier des villes, ce ne sont
pas des personnages agitant des hochets qu'il faut, mais bien des
institutions.

Voyons maintenant les dires des gens équitables qui, eux, croient que le suffrage universel ne peut pas fonctionner sans guides, parce que les masses manquent de lumières.

Nous prenons Descayrac de Lauture, entre mille, parce qu'il nous semble plus explicite. Il disait : « *A propos de la civilisation que l'on fauche en herbes.* » Et pourtant nous avons le suffrage universel! Il faudrait l'éclairer ; on le dirige! le dirigera-t-on toujours? Et comment, sans lumière, se dirigera-t-il seul?

Nous disons que l'on n'est pas aveugle, ni même myope, parce que l'on a besoin de voir de plus près ; pour bien voir, il faut que l'objet soit à notre portée. Toujours est-il qu'il vaut mieux voir par soi-même, se servir de son propre jugement et de sa conscience , que de s'en rapporter à la prétendue lumière des meneurs.

Aussi disons-nous que tant que le suffrage universel sera dirigé nous n'aurons la République que de *nom* ; les masses seront toujours la proie des intrigants, tant qu'elles ne sauront pas se passer de gouverneurs.

Gouvernement et République s'excluent l'un l'autre. Un gouvernement suppose des gouvernés ; le gouverné est sujet du gouverneur ; le sujet est moins qu'un mineur : il ne s'appartient pas et ne peut même pas espérer atteindre sa majorité.

Le gouvernement, ou, si vous voulez, le vieux fonctionnarisme, croit que la nation est faite pour lui, qu'elle est sa chose ; il ne peut pas admettre que celui qui gouverne soit le sujet ; cela ne se comprendra même bien que lorsqu'il faudra, pour être fonctionnaire, se faire élire par le suffrage universel direct et examiner au concours par ses pairs, conformément à notre système, qui en fera des administrateurs, sujets de la *souveraine collectivité*, honneur qu'ils ne devront qu'à leurs aptitudes.

A tort ou à raison, la qualification de peuple ne sert qu'à désigner une classe de la société (l'*ouvrier*). Nous qui voudrions voir disparaître toutes classes, toutes castes et tous partis ; nous qui aspirons à voir la collection des citoyens, de conditions différentes et d'aptitudes diverses , intimement unie dans l'intérêt commun, nous désignerons la totalité par la dénomination de *collectivité*.

Les anciens fonctionnaires, qui se posent en toute-puissance, admettraient volontiers la République avec le sobriquet de conservatrice, c'est-à-dire conservatrice du principe monarchique constitutionnel qui dit : « Le souverain règne, mais ne gouverne pas. »

Or, qu'est-ce qu'un roi auquel il faut des gouverneurs? C'est une cinquième roue à un char ! c'est un être effacé, ou, comme disait Bonaparte, *un cochon à l'engrais.* Et, nous, nous disons : *une inutilité* dispendieuse.

En conservant la qualification de gouvernement pour la République, nous appellerions toujours des gouverneurs et nous ferions pulluler les prétendants, qui se contenteraient d'abord de noms modestes, en attendant ceux de seigneurs et maîtres.

Partie de ces personnages prétendent posséder la science politique et se croient faits pour nous gouverner.

Diantre! dites-vous, *au nom de la politique?* Oui,

> La sombre politique, au cœur faux, à l'œil louche,

a dit Voltaire.

La politique, cette duplicité, cet art de tyranniser, dont Machiavel a fait un bréviaire de la fourberie, ce jeu des princes dont les adroits ont cherché à se faire un métier.

Car Voltaire a dit aussi : « La politique, ce grand art, consiste « à faire servir les autres à son bien-être, à se procurer le plus « de pouvoir, le plus d'honneurs et le plus de plaisirs possibles, c'est-à-dire *beaucoup d'argent.*

Condorcet, lui, dit :

« Il semble que le genre humain n'a été créé que pour servir « à faire briller les talents politiques ou militaires de quelques « individus, et que la société a pour objet non le bonheur de « l'espèce entière, mais l'asservissement du plus grand nombre « au profit d'une infime minorité. »

Il est probable que, comme nous, vous préféreriez voir gérer vos intérêts par l'économie politique, et que vous dites, de l'autre : pas trop n'en faut.

Nous qui, comme le quaker, disons : *Mentir c'est s'avilir ;* nous, dont la République ne doit s'appuyer que sur la *vérité,* nous ne pouvons songer aux actes de cette politique qui nous a plongés dans le bourbier, sans nous rappeler ces vers de Voltaire :

> Jusqu'à quand voulez-vous, malheureux politiques,
> Allumer les flambeaux des discordes publiques ?

Si c'est là l'œuvre de la politique , *point n'en faut.*

Ces prétendants sont devenus si nombreux qu'ils daigneraient nous accorder le droit de choisir nos gouverneurs parmi eux, mais nous lui préférons celui de nous en passer.

Où irions-nous, grand Dieu, en continuant ces vieilles comédies qui ont coûté tant de milliards et tant de sang ?

Aujourd'hui, les nations arrivées à leur majorité prétendent n'avoir plus besoin de tuteurs, disait CHATEAUBRIAND.

Si Chateaubriand nous trouvait majeurs, c'est que nous l'étions, et si nous sommes majeurs en civilisation, comme nous le croyons, *administrons-nous nous-mêmes.*

Le suffrage universel, tel qu'il a été appliqué sous l'Empire, nous a fait faire la courte échelle à l'intrigue. pour qu'elle nous gouvernât à sa guise et s'emparât à son. gré de notre avoir; vous le reconnaissez.

L'organisation monarchique pouvait faire dire au suffrage ce qu'elle voulait, et souvent lui faire nommer qui bon lui semblait, afin d'obtenir la majorité qui lui était indispensable pour que le gouvernement restât. le maître et ne devînt pas *sujet;* vous le reconnaissez aussi.

L'Empire nous a-t-il assez mystifiés avec ce pauvre suffrage, surtout lors de ses plébiscites !

Il faut donc, par une application simple et *équitable,* que l'électeur agisse librement sans entraves et sans guides, afin, comme dit J.-J. Rousseau, *qu'il n'opine que' d'après lui,* et suivant nous, comme cela convient au vrai *souverain.*

Alors seulement nous pourrons entrer dans la voie où la science, en éclairant le travail, lui fera semer le bien-être pour tous.

Maintenant, Messieurs, examinons un peu cette organisation monarchique, que les trois royalismes et autres désirent conserver.

Cette organisation qui concentre le pouvoir en quelques mains, et le rend par ce fait si facile à surprendre (la preuve se trouve dans tous les coups d'État). Aussi les nombreux prétendants guettaient-ils les détenteurs de ce pouvoir avec la persistance du chat guettant un nid de rongeurs.

Quelle condition misérable que celle d'une monarchie quelle qu'elle soit, se traînant sans repos ni trêve, en attendant sa chute, ne s'occupant que de bourrer ses malles et ne pouvant suffire à defendre sa proie!

Ce que vous désirez comme nous, c'est la stabilité; mais vous ne pourrez jamais l'obtenir qu'en remettant le pouvoir à qui de droit, c'est-à-dire dans les mains de la *souveraine collectivité,* mains dans lesquelles il serait *insaisissable.*

Il y a aussi d'autres raisons pour remplacer cette vieille machine aux rouages non-seulement inutiles, mais s'encombrant les uns les autres, machine compliquée à tel point que ses frottements inévitables la font se détruire d'elle-même.

Pour se maintenir, tout en ne produisant que misères et ruines, il lui fallait plus d'étais, plus de souteneurs que le sol n'en pouvait supporter.

Pour corrompre, il lui fallait semer l'or, ce qui faisait naître la lèpre-envie, chacun désirant, comme il en voyait tant d'autres, bien vivre en ne faisant que nettoyer ses ongles.

Quelle source pourrait aujourd'hui alimenter de pareils gaspillages? Il faut donc songer à changer la roue, si l'on veut que le moulin marche avec le peu que nous laisse le dernier effondrement.

Sous l'organisation monarchique, le roi nommait *ses ministres* et pouvait les révoquer.

Les ministres du roi nommaient les préfets et les sous-préfets et pouvaient les révoquer. Ces messieurs nommaient les fonctionnaires et les employés de leur ressort et ils les révoquaient à leur gré.

Il s'ensuivait que la classe qui se croyait dirigeante, se faisant représenter, s'effaçait; qu'elle n'avait aucun moyen de rappeler ses mandataires, même lorsqu'ils devenaient indignes ; qu'elle se rendait, par ce fait d'avoir livré sa sanction, sujette et contribuable à merci, que son contrôle était dérisoire. Et, en effet, comment eût-elle pu faire contrôler ceux qui n'émanaient pas d'elle et qui disposaient des emplois, des places, des sinécures, et partant des deniers publics ? N'était-ce pas livrer les siens à la corruption et en faire des solliciteurs auxquels on répondait : Nous n'avons que le strict nécessaire pour notre majorité, si vous voulez caser les vôtres et vous-mêmes, créez de nouvelles cases ? De case en case, le débordement devenait cataclysme.

S'il est naturel que chacun cherche à caser les siens, il est aussi naturel que chacun sauvegarde sa case et ses produits.

Enfin, comme vous le voyez, en monarchie, tout se résumait par des luttes scandaleuses qui fatalement amenaient la révolte. D'où il faut logiquement conclure que la monarchie ne peut exister qu'en divisant les citoyens.

Voyons aussi ce que nous offrent les conservateurs de l'école Thiers.

Le parlementarisme, le self-government de l'Angleterre, pays essentiellement constitutionnel, *bien qu'il n'ait pas de Constitution.* Le sol et le climat de l'Angleterre ne ressemblent pas aux nôtres. Et vous, Messieurs, vous ne pourriez pas ressembler à son aristocratie; car climat et sol font le tempérament, font le caractère. Toujours est-il que ce qui convient au peuple anglais ne nous satisferait pas, quoiqu'il soit plus avancé que nous.

Il en est de même des Etats-Unis, que nos amis préconisent; ces trente-cinq Etats, dissemblables comme leur position géographique le veut, n'offrent rien qui puisse nous servir de modèle.

Leur suffrage à deux degrés leur permet de faire de meilleurs choix, dit-on : l'on conçoit que le second degré soit plus clairvoyant; mais nous, nous croyons que cela tient à ce qu'ils n'ont pas à lutter comme nous contre *le monarchisme, ce royal chiendent.*

Ils sont plus instruits et plus libres que nous, oui; mais cela n'est pas le fait de leur organisation ni de leur Constitution; ils doivent cela à leurs représentants, dont la plupart sont d'intelligents industriels, des hommes connaissant les besoins de leur pays, s'occupant de son développement, gens qui ont compris que l'homme libre et instruit produit beaucoup plus et mieux que l'ignorant esclave.

Ils ont tout simplement amélioré l'instrument de production dans leur propre intérêt.

S'ils sont libres de parler et d'écrire, cela tient également à ce que ces mêmes gouverneurs ont compris que la sécurité d'une part, et le développement social de l'autre, résidaient dans cette liberté.

Leur lien fédéral n'est pas parfait, témoin leur guerre civile.

Cette présidence qui favorise comme une main royale, fait des envieux, des jaloux; chaque Etat voudrait qu'on prît le président dans son sein, et cela dans le but d'y trouver un avantage pour ses intérêts particuliers; enfin, il y aurait bien mieux à faire.

Mais revenons à l'indépendance de notre pays.

Nos représentants, sans tenir compte des temps et des lieux, nous engagent à imiter.

Nous concevons que cela coûte moins de frais d'imagination, mais nous, nous disons : Pourquoi copier, lorsque l'on peut faire mieux et conformément à ses besoins?

Pourquoi suivre piteusement, quand l'on est apte à servir de guide?

Pourquoi glaner, quand l'on peut produire de riches moissons?

Suivant nous, il nous faut du simple, du commode, qui soit approprié aux nécessités du pays, quelque chose de fait exprès pour soi.

Enfin, nous devons rester ce que nous fûmes toujours : des originaux faisant envie, et non des plagiaires marchant timidement à la remorque de ceux qui furent nos imitateurs; cessons donc de descendre, si nous ne voulons pas inspirer la pitié.

Vous nous direz, Messieurs, que quels que soient les citoyens chargés de nommer les fonctionnaires, ils y caseront les leurs, ou se feront des partisans sans s'oublier eux-mêmes.

Remarquez bien, en lisant la deuxième partie de cet ouvrage, et vous verrez que ce ne sont point des individualités qui nomment aux fonctions, mais des groupes délégués pour les remplir, et choisissant encore et au concours les plus capables d'entre eux.

Et vous verrez aussi que ces délégués sont munis d'un certificat d'honorabilité dû aux suffrages de concitoyens les connaissant parfaitement.

Vous nous reprochez, Messieurs, d'avoir acclamé le dernier Empire, qui nous promettait des réformes sociales qu'il avait intérêt à laisser s'effectuer : nous avouons croire difficilement à l'ineptie. Savez-vous ce que répondent à ce reproche les plus ignorants de nos camarades ? Que celui que la mauvaise organisation noie dans la misère s'accrocherait à la ronce si elle lui tombait sous la main. Vous dites que nous sommes encore prêts à acclamer le premier venu qui nous tendrait la main : vous reconnaîtriez alors que monarchie ou empire ne peuvent revenir que par la guerre civile, et ne pourraient se maintenir qu'en nous divisant, ce qui conduirait toujours et infailliblement à de nouveaux *massacres*.

Alors, à qui serait la faute? si ce n'était à vous, qui avez le plus grand intérêt à être ce premier venu, à nous tendre la main, et par cela même éviter ces guerres civiles *qui vous ruinent en nous affamant*.

Nous sommes très peu flattés de passer, aux yeux de l'univers, pour un peuple inférieur à l'Anglais et à l'Américain, et cela par le fait d'une fausse éducation qui vous fait craindre l'égalité et les questions sociales qui en découleraient. Pourtant vous êtes beaucoup plus intéressés que nous à aborder cette économie sociale, à l'aide de laquelle nous reprendrions notre rang de première nation industrielle, que notre sotte division nous a fait perdre.

Mais l'économie sociale, dites-vous, ce serait un débordement d'idées !

Si, au lieu de faire comme le singe, se bouchant les yeux avec ses poings pour ne pas voir le danger, vous ouvriez les vôtres tout grands et regardiez bien, vous verriez que ce débordement ne noierait personne, et qu'il viendrait, comme celui du Nil, pour féconder la terre et vous enrichir.

Enfin, vous devriez savoir que si nous nous donnions la main de bonne foi, nos labeurs se trouveraient sauvegardés, et qu'il faudrait bien que celui qui voudrait consommer se résignât à faire comme nous, à produire aussi; ce qui, du reste, serait conforme à la loi naturelle.

Les événements qui se sont accomplis ont dû vous éclairer; puis la raison, cette voix éloquente, a dû vous dire et vous répéter que la direction revient de droit à la capacité réelle, et non aux charlatans vantés par leurs compères.

Vous devez comprendre aussi maintenant que les minces priviléges que les intrigants vous garantissaient ne valaient pas ce qu'ils vous coûtaient, et qu'avec beaucoup moins de frais vous pourriez rendre vos fils dignes d'être appelés à la direction, *ce qui serait bien préférable*.

Vous devez également comprendre que nous n'avons pas besoin de gouverneurs comme ceux qui nous divisaient pour nous mieux dépouiller; que toute lutte entre nous, producteurs, est *stupide et ruineuse;* que nous devons tendre, d'un commun accord, à la self-administration (*soi s'administrant*).

Simplification, économie, qui dégrèveraient nos produits, et vous permettrait de les présenter sur tous les marchés.

L'organisation administrative et l'application du suffrage universel direct, s'étendant à toutes les fonctions, que nous allons vous proposer, serait bien préférable à ce qui fut, comme vous le verrez ; car « *Il y aura toujours une grande différence entre soumettre une multitude et régir une société,* » a dit J.-J. Rousseau.

Et quoique ce système doive vous être plus favorable qu'à nous, attendu que vous pouvez donner à vos fils d'honorables et savants instituteurs, tels qu'il les faut pour cultiver leurs facultés en vue du développement social, nous serions heureux de le voir admettre, parce qu'il est *conciliateur* et surtout *équitable*.

Ce serait *l'union des producteurs,* supprimant la course que se font les partis pour atteindre le pouvoir.

DEUXIÈME PARTIE

SYSTÈME ADMINISTRATIF ET APPLICATION DU SUFFRAGE
UNIVERSEL

« Si, au lieu de faire du gouvernement une machine
« souterraine dont un petit nombre fasse mouvoir les
« ressorts cachés et connaissent le jeu, vous en faites une
« machine sous verre et fort simple, une machine à bras
« que tout le monde fasse rouler, il n'y aura point d'eau à
« boire pour les fripons.

« CAMILLE DESMOULINS. »

Messieurs,

Nous croyons soumettre à votre appréciation cette organisation
tant désirée par les gens de bien, cette machine fort simple, très
économique et que tout le monde pourra faire rouler.

Mais les choses les plus simples sont quelquefois les plus diffi-
ciles à faire concevoir lorsqu'on est habitué aux complications.

Craignant de ne pouvoir nous faire comprendre par un exposé
sommaire, nous allons essayer d'indiquer le fonctionnement de
notre organisation démocratique, tel que nous le concevons, ainsi
que l'application du suffrage universel à toutes les fonctions.

Suivant nous, la base d'une vraie République doit reposer sur
le suffrage universel et direct s'appliquant à toutes les fonctions,
suffrage sans lequel nul ne pourrait être appelé à aucun emploi
ni fonction administrative.

Ce suffrage a besoin d'une organisation qui soit démocratique,
attendu que toute autorité résiderait dans la collectivité des
citoyens, *collectivité souveraine*, dont le pouvoir serait *inaliénable*.

Cette organisation nécessite la décentralisation ; mais, au lieu
de la séparation des pouvoirs, ce germe de discordes, de guerres
civiles, nous procédons par la séparation des attributions qui,
tout en décentralisant, consoliderait l'unité nationale, procurerait
l'harmonie et la satisfaction nécessaires à la collectivité.

Cette organisation administrative pourrait remplacer ce qui est
sans la moindre secousse.

Pour atteindre ce but, que faudrait-il? Il faudrait diviser l'administration générale en trois parties bien tranchées :

La primaire, la secondaire et la supérieure. Elles seraient chargées d'administrer, savoir :

La primaire, ce qui est du ressort de la commune;

La secondaire, ce qui est du ressort du canton et du département;

Et la supérieure, ce qui est du ressort de la nation et d'intérêt général.

Il faudrait que leurs attributions fussent bien distinctes, comme nous allons l'indiquer en formant et faisant fonctionner chacune d'elles.

De la décentralisation.

Quelle question plus simple? dit E. de Girardin : « Il n'y a qu'à passer au crible d'un examen sérieux et approfondi les rapports nécessaires et réciproques de l'Etat à la commune et de la commune à l'Etat, en supprimant tout ce qui est superfluité et complication. Circonscrivez l'action de l'Etat et étendez l'action de la commune : là est le problème; il n'est ni dans la résurrection des anciennes provinces, ni dans la réduction du nombre des départements; ce qu'il faut, *c'est agrandir et affranchir* la commune. »

Il dit aussi : « S'il est une indifférence funeste, s'il est une indifférence qu'on doit combattre, c'est l'indifférence en matière de commune. La commune est le premier nœud de l'écheveau social, si emmêlé. On ne le démêlera qu'en commençant par elle. En commençant par le commencement, on sera tout étonné de la facilité et de la rapidité avec laquelle on arrivera à la fin, c'est-à-dire à la solution, l'une après l'autre, de toutes les questions sociales. »

Il dit encore : « Tirer le gouvernement de l'ornière bureaucratique, c'est bien, mais ce n'est pas assez; simplifions l'administration, mais illustrons la commune. »

Nous, nous l'illustrons en lui subordonnant les illustrations.

« *Si la vie publique doit renaître en France, c'est assurément par les communes.*

« E. QUINET. »

De la Commune, ou administration primaire.

On ne devrait accorder le titre de commune qu'à une agglomération de citoyens produisant au moins cent électeurs (*minimum*).

Quand une commune en fournirait plus de mille, il faudrait la diviser par sections électorales, afin que les réunions eussent pour maximum le nombre mille.

Droit d'Élection.

Nous nommons cité toute localité dénommée, soit hameau, village, bourg ou ville peu importe. Le résident en une cité en est citoyen; tout citoyen âgé de vingt et un ans et jouissant de ses droits civils doit être électeur.

Des Élections.

Les électeurs, après au moins deux réunions préparatoires, se réuniraient une troisième fois, nous supposons, le premier dimanche de février, *pour nommer définitivement, séance tenante, à la simple majorité, les plus dignes et les plus capables d'entre eux, pour qu'ils aient, pendant trois ans,* COMME DÉPUTÉS, *à administrer leur commune, et à* DÉLÉGUER *les plus aptes d'entre eux aux administrations subséquentes.*

Ce choix serait fait dans la proportion d'un dixième du nombre des électeurs; six unités donnant droit à élire un député en plus.

Il va de soi que lesdits électeurs se réserveraient le droit de dissoudre le Conseil communal, dans le cas où il ne dirigerait pas les affaires de la commune conformément à leurs vœux,

Attendu que le souverain naturel ne peut pas abdiquer, et que rappeler ses mandataires est un droit imprescriptible.

Mais ces dissolutions ne pourraient avoir lieu qu'à la majorité des électeurs *inscrits*, pour éviter toute surprise.

Si nous citons ces choses de toute justice, c'est parce que l'usurpation, pour se maintenir, a dû procéder à contre-sens.

Le Conseil devrait pouvoir convoquer les électeurs extraordinairement, dans le cas où il le jugerait nécessaire. Par contre, le tiers des électeurs devrait pouvoir faire convoquer les deux autres tiers par le président du Bureau électoral de leur section, dans tous les cas où ce nombre croirait opportun de se réunir.

Mais toute décision qui ne réunirait pas la majorité des électeurs *inscrits* resterait sans effet.

Les Bureaux des sections électorales se trouvant désorganisés par suite de la nomination à diverses fonctions de tout ou partie des membres qui les composaient, les électeurs devraient se réunir le dernier dimanche de février pour avoir à recomposer leurs bureaux, afin d'être prêts à se réunir, soit pour examiner les lois élaborées par le Conseil national, soit les arrêtés du Conseil communal, qui devront être également soumis à leurs sanctions pour avoir force de loi.

Mais, comme pour les dissolutions, les arrêtés et les lois ne pourraient être rejetés que par la majorité des électeurs *inscrits*, pour éviter, comme nous l'avons déjà dit, toute surprise.

Les élus se réuniraient en la maison commune le dimanche qui suivrait leur élection, afin de choisir, à l'aide *du concours*, les plus capables d'entre eux pour les déléguer à l'administration du canton. Ce choix devrait également se faire dans les proportions de un sur dix de leur nombre.

Du Concours.

Concours ou examen mutuel ; car le suffrage, en nommant ses députés, pour former l'administration et l'aider comme Conseil, les aurait fait égaux, les reconnaissant tous comme très honorables ; mais comme ils seraient d'aptitudes diverses, cela les obligerait à déterminer entre eux la somme et le genre de connaissances nécessaires pour remplir les fonctions auxquelles ils destineraient leurs collègues, ce que des pairs seuls peuvent apprécier.

Il s'ensuivrait que les délégués aux fonctions supérieures seraient toujours bien choisis.

En d'autres termes, il est nécessaire que la capacité soit d'autant plus grande que le rayon se développe ; il faut donc pousser les plus capables en avant, afin que les aptitudes supérieures arrivent à l'administration supérieure.

Nous allons le répéter : ces délégations se feraient conditionnellement et sous toutes réserves, comme cela a été fait par devers eux, afin de pouvoir, s'ils géraient mal, les révoquer à toute heure, comme ils auraient été élus : *Je t'ai fait, je te défais.*

Nous savons que dans nos sociétés corrompues le concours effraye tout le monde ; chacun cherchant à paraître plus qu'il ne vaut, et pourtant, jusqu'à ce qu'il soit admis en principe, les sociétés seront la proie des *intrigants.*

De la nomination du Conseil communal.

Après avoir désigné, à l'aide du concours, les membres devant être délégués à l'administation du canton, les élus choisiraient parmi eux le nombre nécessaire pour former le Conseil communal ; ceux qui n'auraient pas été désignés par le concours resteraient conseillers suppléants.

Du nombre des Conseillers.

Dans les communes de cent électeurs, le nombre des conseillers serait naturellement de neuf ; dans celles de cent dix à cinq cents, il devrait être de dix.

Dans celles de cinq cents à mille, de onze ; et dans les plus nombreuses, il y aurait un conseiller en plus par chaque mille d'électeurs.

2

Du reste, ce sera l'œuvre de la self-administration, lorsqu'elle sera constituée, de déterminer ces nombres.

Du Maire.

Nous, pour qui la collectivité serait *souveraine*, nous ne pouvons pas admettre le maire remplaçant la souveraineté communale.

Suivant notre système, le Conseil élu par la commune déléguerait l'un de ses membres à la fonction d'officier de l'état civil. Ce directeur de l'administration de ladite commune resterait sujet de ceux qui l'auraient délégué ; comme eux, conseillers, resteraient sujets des électeurs, car le pouvoir doit résider exclusivement dans la collectivité qui délègue à l'administration.

Certes, ce mode appellerait au pouvoir suprême une souveraine absolue, *mais celle-là serait vraiment légitime,* et non-seulement héréditaire, *mais encore immortelle*, disposant de tout sans disposer du bien d'autrui, et ne faisant distribuer ses faveurs qu'au vrai mérite, par le ministère du concours.

Le Conseil communal choisirait son président, deux vice-présidents et un contrôleur.

Cette double élection constituerait le président, officier de l'état civil (*le maire*) ; les deux vice-présidents (*les adjoints*); le contrôleur (*l'avocat* de la commune). Ce président, reconnu honorable par tous ses concitoyens, proclamé le plus capable par ses pairs, jouirait d'une bien plus haute considération que n'importe quel patronné.

Dans les communes où le nombre des conseillers serait restreint, le président du Conseil pourrait remplir les fonctions d'officier de l'état civil (*de maire*) et présider le Conseil; mais, dans celles où le nombre des conseillers serait assez considérable pour réclamer un homme spécialement propre à diriger les débats, le Conseil choisirait son président et déléguerait un autre de ses membres aux fonctions d'officier d'état civil, *toujours* SUJET *dudit Conseil.*

Si vous nous demandez quel sera le supérieur? nous vous répondrons que, dans notre organisation démocratique, il n'y a que des égaux concourant à l'harmonie; le Conseil est supérieur à l'un de ses membres, comme la collectivité est supérieure au Conseil.

Certes, esclaves de la routine, comme nous l'avons été, soumis pendant si longtemps à ce faux principe qui divisait pour régner, qui établissait une hiérarchie pour centraliser le pouvoir, nous aurons du mal à nous rendre à la raison, qui veut que la collectivité soit la souveraine et que l'élu soit le sujet; enfin, que le nombre créateur soit le supérieur.

Aussi, l'autoritaire se récrie et dit : Se pourrait-il jamais que les intelligents soient soumis aux imbéciles, par ce fait qu'ils sont plus nombreux ? Là, il ergote, car il est incontestable que tous ont plus d'esprit que Voltaire, Voltaire faisant partie de tous.

C'est à l'intelligence à démontrer qu'elle est dans le vrai; elle doit faire la lumière, afin qu'on la suive.

Mais, dira encore l'autoritaire, qui jugera les différends, les conflits qui pourront survenir entre les communes ?

L'arbitrage.

Chaque commune dissidente choisirait un Conseil communal pour lui servir d'arbitre.

Si les deux arbitres ne pouvaient pas s'entendre, un tiers-arbitre serait désigné par le Conseil subséquent, celui qui vient après, le Conseil cantonal.

Si les deux communes ne dépendaient pas du même canton, elles en appelleraient au Conseil départemental.

Si elles ne faisaient pas partie du même département, elles en appelleraient au Conseil national.

Ces services seraient réciproques, très prompts et très peu coûteux, et les dissidents mieux conciliés que par un Conseil d'État.

L'arbitrage, pour tous les différends; le juge assisté du jury, pour les délits et les crimes.

Des attributions du Conseil communal.

Elles consisteraient à gérer les affaires de la commune, conformément aux vœux de ses habitants, à l'aide d'une administration qui se composerait :

1° Du président du Conseil, officier de l'état civil et chargé des relations (*le maire*) ;

2° Des deux vice-présidents (qui lui seraient adjoints) ;

3° D'un contrôleur, *avocat* de la commune (voir ses attributions) ;

4° D'un garde communal,

Qui sont, pour nous, toute l'administration de la commune rurale.

Dans les communes plus importantes, réclamant un plus grand nombre de fonctionnaires et d'employés, le Conseil les choisirait, autant que possible, parmi les députés; car toutes nominations, même du moindre employé pris en dehors, devraient être soumises à la publication, pendant un laps de temps nécessaire à une enquête sur l'honorabilité du postulant, et pour permettre aux électeurs d'apporter les objections qu'ils pourraient avoir à formuler ; en un mot, attendre leur sanction. Nous supposons *dix jours,* dont le premier devrait être un dimanche.

Publication, son mode.

Le Conseil communal se propose de nommer aux fonctions de ..... le citoyen X... Ses titres sont à la disposition des électeurs. S'il ne survient rien qui puisse infirmer notre décision, dans l'espace de dix jours, conformément à la loi, sa nomination sera définitive.

Bellevue, le..., dimanche de....

Le Contrôleur secrétaire,   *Le Président du Conseil*
. . . . . .   *de la commune,*
           . . . . . .

Des Instituteurs.

Le maître d'école, dont la Convention nationale voulait faire le fonctionnaire le plus respecté, parce qu'il est le plus utile.

Le Conseil choisirait également, parmi les concurrents aux fonctions d'instituteurs et d'institutrices (lesquels seraient diplômés et munis de certificats d'honorabilité et de moralité), celui et celle qui lui sembleraient le plus convenables ; néanmoins, il se renseignerait auprès des présidents des Conseils communaux où résideraient les postulants, et procéderait à la publication.

Comme vous le voyez, Messieurs, nous réserverions la faculté de nommer, même les employés, à qui de droit, c'est-à-dire au Conseil.

Quant aux arrêtés pris par le Conseil communal, ils ne devraient avoir force de loi qu'après dix jours de publication, et ne pourraient être rejetés que par la majorité des électeurs *inscrits.*

Nous avons dit plus haut que le premier jour des publications devrait être un dimanche, afin que les citoyens aient une semaine pour y réfléchir et en causer entre eux ; puis le dimanche suivant, pour se réunir et en délibérer, s'ils jugeaient qu'il y ait lieu à rejet ; car, dans le cas contraire, *qui ne dit rien consent.*

Notre mode rend aux communes l'*indépendance* qui leur appartenait, c'est-à-dire *la vie.*

Le Droit de la raison.

Il y a un siècle, en 1775, dans des remontrances présentées au roi, au nom de la Cour des aides, Malesherbes faisait déjà entendre des plaintes qui seraient plus fondées encore depuis la Révolution qu'elles ne l'étaient auparavant :

« Il restait à chaque corps, disait-il, à chaque communauté, le droit d'administrer ses propres affaires ; droit que nous ne disons pas qui fasse partie de la constitution primitive du royaume, car il remonte plus haut, c'est *le droit de la raison.*

« Cependant il a été enlevé à vos sujets, Sire.... On en est venu jusqu'à déclarer nulles les délibérations des habitants d'un village quand elles ne sont pas autorisées par l'intendant (le préfet) ; en sorte que si cette communauté a une dépense à faire, il faut prendre l'attache du subdélégué (le sous-préfet), par conséquent suivre les plans qu'il a adoptés, employer les ouvriers qu'il favorise.....; si la communauté a un procès à soutenir, il faut aussi qu'elle se fasse autoriser par l'intendant (le préfet).

« Voilà, Sire, par quels moyens on a travaillé à étouffer en France tout esprit municipal, à éteindre jusqu'aux sentiments des citoyens.

« On a, pour ainsi dire, interdit la nation tout entière,

« Et on lui a donné des *tuteurs.* »

(Extrait du Journal des Débats.)

Du Contrôleur de la Commune.

Les attributions du contrôleur étant tombées en désuétude, ont besoin d'être relevées.

Or, le contrôleur que nous désirerions serait, comme les procureurs d'autrefois, l'avocat de la communauté, veillant à l'exécution des arrêtés du Conseil, mais nommé au concours par le Conseil et pris parmi les élus de la souveraine collectivité et non nommé par le roi.

Le contrôleur assisterait aux audiences de justice que tiendrait le président en sa qualité d'officier public.

Il serait chargé du cadastre, de la statistique, et de la liste des électeurs de la commune ; il recevrait toutes réclamations, toutes plaintes, tous projets, et porterait tous ces faits à la connaissance du président du Conseil.

Il assisterait aux séances du Conseil, dont il serait membre ; il y représenterait l'esprit de conciliation qui doit animer tout être civilisé, et non la vindicte que nous laissons aux Barbares.

On devrait donc rechercher pour cette fonction l'homme le plus capable de réconcilier les malheureux que l'intérêt divise ; de même pour tous ceux appelés à juger les différends.

Il va sans dire que la bienséance veut que celui qui est partie dans le débat s'abstienne de voter.

On conçoit aussi que les députés choisis par les électeurs ne puissent accorder des pouvoirs plus étendus que ceux dont ils sont investis ; aussi le délégué devrait-il être *toujours révocable et indéfiment rééligible.*

Toujours révocable, parce que l'électeur peut se tromper et que l'on ne peut bien juger l'aptitude que par l'œuvre ; de plus, l'homme est sujet à perdre ses facultés, voire même la raison.

Il faut donc que, dès l'instant que la majorité qui l'a délégué reconnaît que l'administrateur n'est pas capable, qu'il gère mal ou qu'il est devenu indigne, elle puisse le remplacer.

Dans le cas où un fonctionnaire se croirait révoqué à tort, il pourrait présenter sa requête au président des électeurs ayant élu le Conseil qui le frappe.

De la gratuité.

Les Conseils communaux d'une République auraient besoin d'être composés de producteurs et non de désœuvrés jouant aux gouverneurs.

D'autre part, il faudrait, dans l'intérêt des petites communes, que ces fonctions fussent gratuites et pourtant accessibles aux intelligences qui sont occupées et ont besoin de faire valoir, les unes leur capital-bras pour vivre, et les autres leur industrie pour qu'elle fructifie.

Le moyen de tout concilier nous semble très simple ; au lieu de se réunir de deux à quatre heures, heures où ceux qui déjeunent à loisir digèrent, on pourrait se réunir après la cessation des travaux, le soir, à sept ou huit heures.

Nous comprenons que toutes les communes ne puissent pas s'administrer aussi simplement, mais celles qui occasionneraient des pertes de temps à leurs conseillers devraient les indemniser si elles tenaient à être bien *gérées*.

Du Canton.

Les délégués des communes devraient se réunir à ceux du chef-lieu de canton, nous supposons le premier dimanche de mars, afin de choisir, à l'aide du *concours*, les plus capables d'entre eux pour les déléguer à l'administration du département.

Ce choix devrait également se faire dans les proportions de un sur dix de leur nombre. (Voir l'article Concours, page 17.)

Après avoir choisi les délégués pour l'administration subséquente, ils choisiraient, toujours parmi eux, les membres nécessaires pour former le Conseil cantonal.

Ceux qui n'auraient pas été désignés par le concours resteraient conseillers suppléants.

Les attributions du Conseil consisteraient à relier les communes entre elles, à s'occuper de ce qui leur est commun, sans avoir à s'immiscer dans leurs administrations particulières. Nous sommes en cela d'accord avec bien des conseils généraux, et surtout avec celui de la Côte-d'Or.

Le Conseil cantonal devra être une école pratique d'administration, où chacun apprendra quelles sont les aptitudes diverses
qu'il faut pour régir une société et la faire prospérer.

A cet effet, le Conseil devrait se composer de *trente membres*,
divisés en six commissions de cinq membres, correspondant chacune aux six divisions administratives.

La réunion des délégués choisirait son président, ses deux vice-
présidents, ses deux secrétaires ; ces cinq membres composeraient
la commission des relations et formeraient le bureau du Conseil.
Pour la commission des finances, on choisirait des financiers, et
ainsi de suite.

Le Conseil étant formé, il convoquerait les fonctionnaires pour
qu'ils aient à rendre compte de leur gestion annuelle.

Les comptes rendus terminés, toute les pièces de la comptabilité et les observations seraient remises aux commissions spéciales, qui devraient les examiner avec un soin minutieux, afin
que les rapports qu'elles feraient aient la valeur sérieuse d'un
contrôle impartial.

Il ressortirait de ces vérifications *sanction* ou *blâme*.

Le Conseil révoquerait tous mauvais gérants, et il les remplacerait, ainsi que ceux que les électeurs n'auraient pas cru devoir
députer à l'administration, comme il est dit au chapitre *Commune*.

La session du Conseil cantonal ne se terminerait qu'après toutes
affaires épuisées.

Dans les cantons très considérables par leur population, cantons réclamant une plus grande administration, le Conseil, ter-
minant sa session, pourrait laisser un contrôle, composé d'un
membre par commission, sorte de contrôleur-inspecteur en ce que
comporterait la commission qui le délèguerait.

Ce contrôle se réunirait suivant le besoin et pourrait convoquer
le Conseil en cas d'urgence.

De pareils Conseils, ayant de telles attributions, simplifieraient
le travail des ministères ; il ressortirait de ce mode une économie
de cinquante pour cent et de meilleurs travaux.

Sans compter les avantages qui résulteraient de l'instruction
administrative qui s'acquerrait.

Ici, Messieurs, permettez-nous une légère digression : Il s'agit
toujours des choix qui devront être faits par le suffrage. Nous
croyons devoir appeler votre attention sur les notables ou citoyens
aptes à être jurés ou *arbitres*.

Que de fois nous vous avons entendus vous plaindre de cette
classification faite arbitrairement !

Que de fois nous avons souri de pitié, nous qui connaissons la
valeur intrinsèque de nos patrons, en voyant rejeter d'honorables

aptitudes pour élever à cette dignité des ignares ou de pitoyables pantins!

Le moyen préconisé par quelques-uns serait de les élire par corporation. Mais ce moyen a, entre autres inconvénients, celui d'exciter les rivalités jalouses, ce qui suffirait à le faire repousser.

Nous sommes, nous, pour l'union des corporations.

Notre mode tranche la question de la manière la plus simple.

En effet, n'est-il pas évident que celui qui a été reconnu par ses concitoyens assez capable et asssez honorable pour diriger sa commune et qui, ensuite, est reconnu par ses pairs au concours apte à diriger le canton, soit, par le fait même de cette double élection, proclamé notable (ou *arbitre*) et de droit inscrit sur la liste servant à établir tous jurys.

Nous croyons que ces citoyens possèderaient les trois conditions réclamées par M. Dufaure : une existence respectée, une capacité suffisante et une indépendance absolue.

Le jury serait un contre-sens, s'il n'était pas le jury de tout le monde, dit M. Bertauld.

Nous, nous disons que l'arbitre public doit être désigné par tous et extrait par le sort des listes triennales.

Nous disons même que nul ne devrait être choisi comme expert ou prud'homme, s'il n'a d'abord été élevé à la dignité de notable.

Car, pour nous, il ne suffit pas qu'on soit compétent, il faut encore être confirmé honorable.

Ce mode fournirait un grand nombre de jurés, mais l'opinion publique aspire à voir l'institution du jury étendue à presque toutes les juridictions.

Bien entendu que le Conseil cantonal aurait le droit de rayer de la liste du jury celui qui cesserait d'être digne.

Le but de notre système est d'obliger tout individu à rechercher et surtout à mériter l'estime de ses concitoyens.

> Les hommes sont égaux, ce n'est pas la puissance,
> C'est la seule vertu qui fait la différence.
>
> Voltaire.

Nous classons les citoyens par ordre de *mérite*, nous appelons le savoir à la direction, mais sans créer une aristocratie du savoir qui, certes, serait aussi mauvaise que l'aristocratie d'argent. Car constituer une aristocratie, c'est former une ligue contre la société.

Nous ne formons point de hiérarchie, nous groupons les différents savoirs par catégories ou séries (comme vous le verrez par la composition du Conseil national),

Afin que chacun concoure au bien-être de tous, et que tous soient représentés dans les Conseils.

Considérations.

On doit déjà entrevoir qu'à mesure que la fonction s'élève par la somme d'aptitude exigible, l'examinateur, lui aussi, grandit et est élevé ; par ces choix successifs, il se trouve placé au véritable rang qui lui appartient dans la société. Ce groupe de délégués ayant déjà participé aux mêmes travaux, a pu s'apprécier ; les examens deviennent par conséquent corrélatifs, mutuels ; ils se font entre gens de même valeur au point de vue intellectuel ; le plus apte l'emporte comme cela doit être, devant le libre concours, dégagé de toute idée de lucre.

De la puissance de juger.

Cette puissance ne peut être donnée que par le corps du peuple, parce qu'il faut que les deux parties, le lésé et le délinquant, l'accusé et l'accusateur, soient jugés par leurs pairs (ou égaux), citoyens délégués à cet effet par lui, afin que nul ne puisse craindre de rencontrer la violence.

Le maître seul impose des juges à ses sujets.

Là, où le peuple tout entier exerce la souveraineté, il ne peut pas y avoir de dissidence entre le peuple et le souverain, puisqu'ils sont une seule et même chose.

Tous différends entre égaux devraient être jugés arbitralement.

D'après la Constitution de 1793, les arbitres publics étaient des magistrats élus par les assemblées électorales pour prononcer en dernier ressort sur les contestations qui n'auraient pas été terminées définitivement par les arbitres privés ou par les juges de paix.

Ils remplaçaient les tribunaux civils.

La Constitution de 1795 déclare la décision des arbitres sans appel et sans recours en cassation, à moins que les parties n'aient fait une réserve expresse à ce sujet.

Pour nous, les arbitres sont les juges les plus aptes, et les seuls qui soient toujours compétents. *Justice expéditive et équitable.*

Considérations.

Nous croyons que l'administration de la justice devrait être également divisée en trois parties : la première, que nous nommerions justice primaire, celle de la commune, soldée par son budget ; la deuxième, justice secondaire, celle du canton et du département, soldées par leurs budgets ; la troisième, justice supé-

.rieure, celle commune .à toute la nation, soldée aussi par son budget.

Les attributions de ces trois juridictions seráient réglées par. une loi spéciale pour cette décentralisation. Chacune d'elles fonc-tionnerait sous le contrôle du groupe qu'elle desservirait, de sorte qu'elle serait bientôt réduite au strict nécessaire, ce qui procure-rait une grande économie en supprimant les sinécures.

Les cours d'appel, entre autres, deviendraient inutiles par l'ex-tension du jury, et au besoin le tribunal d'un département limi-trophe offrirait toutes garanties d'impartialité.

De l'Arrondissement.

Pour nous, l'arrondissement est une superfétation, vu la fa-cilité des communications ;

Il devra être supprimé.

Les villes importantes seraient de vastes cantons, dans lesquels la juridiction et l'administration se développeraient en raison de la population, et non à cause du titre, comme nous le voyons au-jourd'hui, où telle sous-préfecture a une population moindre que celle de certains cantons.

Nous sommes heureux de nous rencontrer sur ce point avec le Conseil général de la Côte-d'Or, qui dit :

1° Qu'il faut tendre à la suppression de l'arrondissement admi-nistratif et à son remplacement par une nouvelle organisation du canton, auquel on transporterait une partie des attributions appar-tenant à l'arrondissement ;

2° Qu'en conséquence le Conseil d'arrondissement devra être aboli ;

3° Que l'on abolira aussi les sous-préfectures ;

4° Que dans le Conseil cantonal chaque commune, quelle que soit son importance, devra être représentée par un délégué, l'unité communale ne devant recevoir aucune atteinte ;

5° Que les membres des Conseils cantonaux devront être élus dans chaque commune pour quatre ans.

Nous sommes donc à peu près d'accord avec ce groupe de con-seillers, et nous croyons qu'ils se joindraient à nous pour la représentation proportionnelle au nombre des électeurs.

Nous sommes d'accord aussi avec ceux qui disent :

Les sous-préfectures constituent depuis longtemps dans notre organisme administratif un rouage inutile et surtout dispendieux. Faire disparaître cette catégorie d'emplois, ce serait émanciper le pays et réaliser une grande économie.

Des Conseils départementaux.

Nos Conseils départementaux ne ressembleraient pas aux assemblées provinciales, malgré l'analogie qu'ils auraient avec elles.

Vous savez comme nous, Messieurs, qu'au dix-septième siècle les provinces qui étaient privées d'assemblées languissaient dans une affreuse misère, tandis que les pays d'Etat, simplement liés par traité, pays indépendants, *s'administrant par eux-mêmes*, prospéraient.

En 1779, on reconnut leurs droits *nécessaires à la prospérité générale du royaume.*

Voici quelles étaient leurs attributions :

Ils répartissaient l'impôt accordé par les Etats-Généraux ;

Ils surveillaient l'administration de la justice pour *qu'elle fût bien rendue ;*

Ils jugeaient les réclamations des contribuables ;

Ils dirigeaient la confection *des routes et des autres travaux publics ;*

Ils étudiaient les moyens pratiques pour favoriser les développements de l'industrie et de l'agriculture, cherchant à ouvrir à leurs produits de nouveaux débouchés, etc., etc.;

Enfin, ils s'administraient eux-mêmes.

De la formation du Conseil départemental.

Les délégués du canton devraient se réunir à ceux du chef-lieu du département, nous supposons le premier dimanche d'avril, afin de choisir, à l'aide du concours, les plus capables d'entre eux pour les déléguer à l'administration subséquente.

Ce choix devrait également se faire dans les proportions de un sur dix de leur nombre.

Après avoir choisi les délégués nécessaires pour l'administration nationale, ils choisiraient parmi eux les membres devant former le Conseil départemental.

Ceux qui ne seraient pas désignés par le concours resteraient conseillers suppléants.

Le Conseil départemental devrait se composer de soixante membres, divisé en six commissions de dix membres, correspondant chacune aux six directions administratives (ou ministères).

La réunion des délégués choisirait dans son sein son président, ses deux vice-présidents et ses deux secrétaires. Ces cinq membres composeraient son Bureau ; puis elle composerait ses commissions d'aptitudes propres à chacune d'elles. (Voir *Canton*, page 22, et *Conseil national*, page 31.)

Le conseil étant formé, il convoquerait les fonctionnaires pour qu'ils aient à rendre compte de leur gestion annuelle ; les comptes rendus, toutes les pièces de la comptabilité, auxquelles seraient jointes les observations, seraient remises aux commissions spéciales, qui devraient les examiner avec un soin minutieux, afin que les rapports qu'elles feraient aient la valeur sérieuse d'un contrôle impartial (comme nous l'avons dit au *Canton*, page 22.

Cette division par commissions serait d'autant plus utile qu'elle servirait à examiner l'aptitude de chacun dans ce qui lui serait propre, puis à simplifier le travail et à éviter toute perte de temps ; car l'on élaborerait dans la séance du jour différentes affaires en même temps, affaires que le Conseil examinerait dans sa séance du soir, afin d'abréger la session.

Le Conseil réglerait le budget en recettes et en dépenses, fixerait la quotité des impôts à payer par chaque canton ; en ce qui serait relatif aux dépenses communes avec le chef-lieu.

Il répartirait aussi les charges incombant au département pour frais de l'administration de ce qui serait national.

En un mot, rien de ce qui intéresserait le département ne devrait lui être étranger.

Il révoquerait tous mauvais gérants et il les remplacerait, ainsi que ceux que les électeurs n'auraient pas cru devoir députer à l'administration, comme il est dit : *Commune*, page 15.

Il va de soi qu'à l'installation du système, le Conseil choisirait dans son sein le président de l'administration départementale qui devrait remplacer le préfet.

Quant aux employés nécessaires pour composer la direction des relations dont le président serait le directeur, on devra les choisir parmi les députés, comme cela a été dit : *Commune*, page 15, tout en se réservant le droit absolu et imprescriptible de rappeler tout membre qui manquerait à son mandat.

La session ne se terminerait qu'après toutes affaires épuisées.

Avant de se séparer, nous croyons que le Conseil directeur de l'administration départementale devrait nommer un contrôle qui résiderait au chef-lieu.

Pour cette nomination, chaque commission devrait choisir dans son sein le plus digne de la représenter.

Le Conseil réuni nommerait, en plus, un président du contrôle.

Chaque membre du contrôle serait, de fait, inspecteur de tout ce qui concernerait la commission dont il serait le représentant.

Ces contrôleurs ne devraient pas être nommés bénévolement,

car ils pourraient être appelés à remplacer par intérim, en cas de décès, et à décider, de concert avec le syndic, sur l'opportunité de convoquer extraordinairement le Conseil directeur.

Que se passerait-il par le fait de la réforme?

Que le département aurait un administrateur de son choix, guidé par un conseil qu'il aurait élu (président ou syndic), soumis aux vœux de la souveraine collectivité, au lieu d'un préfet n'obéissant qu'à la volonté d'un ministre du roi. Préfet souvent étranger au département, et toujours étranger à ses besoins.

Le conseil régirait tout ce qui serait purement et simplement départemental, et n'aurait rien à voir dans l'administration des communes, si ce n'est pour les éclairer et les conseiller. Ce système débarrasserait aussi de toute intrigue, ce qui ferait naître la cordialité entre administrateurs et administrés.

Il est certain que des administrateurs formés par le concours auraient bien plus de droits au respect de leurs concitoyens que ceux que l'on nous imposait, lesquels ne pouvaient s'appuyer que sur la faveur dont ils avaient été l'objet.

L'on prévoit avec raison que ces Conseils ne choisiront pas des professeurs de danse, de célèbres conducteurs de cotillons, ayant pour mission, comme sous l'Empire, d'amuser l'aristocratie en faisant danser les écus des producteurs.

Certes, nul républicain ne trouverait mauvais que l'on s'amusât, mais il faudrait que chacun le fît avec ses deniers.

L'opinion publique désirerait ne plus voir les fonctionnaires étaler un luxe insolent; elle demande la suppression des frais de représentation, et que l'indemnité à accorder aux syndics ne soit pas supérieure à celle allouée aux conseillers nationaux. A ce propos, nous allons vous rappeler le dire de vos journaux :

« La réduction des appointements des préfets obtiendrait également l'approbation générale; la nouvelle loi sur l'administration départementale va d'abord considérablement simplifier l'importance des préfectures ;

« Puis, les exigences du budget commandent de faire disparaître partout les augmentations de dépenses, créées sous l'empire pour *entretenir le faste d'un fonctionnarisme parasite.* On pouvait concevoir que les préfets eussent des traitements élevés, alors que le luxe de la cour développait partout le goût et le besoin de la prodigalité ;

« Il ne peut en être de même aujourd'hui que la suppression de la liste civile, des grands cumuls, du Sénat, etc..., va permettre d'introduire partout une plus saine ordonnance de l'économie domestique. »   (Extrait des *Débats*.)

Ces économies permettraient à chaque département d'avoir un

Institut agricole si ardemment désiré, lequel pourrait être dirigé par un excellent agronome et non par un protégé.

L'Institut agricole supprimerait ces louveteries si chèrement entretenues, et il pourrait être, en même temps, chargé de la direction de l'enfance égarée.

On pourrait aussi avoir un économiste chargé, comme nous l'avons dit au *Canton*, de rechercher les moyens de développer les produits du département.

Nous avons la certitude que ces Conseils choisiraient des professeurs de sciences utiles, qu'ils transformeraient les salons en salles de conférences d'où jaillirait une lumière qui nous permettrait d'éviter tous gaspillages d'or et de temps, nécessaire à améliorer le domaine public.

Ces conférences démontreraient que le travailleur est un sol qui peut rendre l'épi pour le grain qu'il consomme et que, si l'on semait en lui un grain de bien-être, il rapporterait l'épi à la collectivité.

Ces conférences prouveraient très promptement qu'avec un homme de savoir utile, au lieu d'un paon automatique, l'on pourrait transformer le département le plus pauvre en un département productif.

Elles démontreraient, disons-nous, qu'un bon agronome ou un bon économiste pourrait faire naître l'abondance du milieu le plus dénué; enfin, nous le répétons encore, ceux qui savent faire produire sont préférables à ceux qui ne savent que faire contribuer;

Car les uns enrichissent, et les autres amènent la ruine.

Notre Conseil, de formation plus simple, plus naturelle, plus conforme à l'équité qu'un Conseil général, le remplacerait avec avantage, il rendrait inutile aussi le Conseil de préfecture, dont la commission de décentralisation, d'accord en cela avec l'opinion publique, demandait naguère la suppression.

Notre système, étant une école d'administration qui doit aller progressant sans cesse, ne permettrait pas le cumul des emplois: chacun devrait être tout entier à sa fonction en permanence, toujours prêt à faire face aux éventualités.

Les réunions et les conférences seraient publiques, et l'analyse des vérités qui y seraient démontrées serait imprimée et communiquée à tous; la lumière pénétrerait d'autant mieux qu'elle serait plus rapide, c'est-à-dire frappant les esprits au moment où les faits se produiraient: ce serait la création d'une véritable école de culture humaine.

Du Conseil national.

Les citoyens délégués par les départements, pour former et diriger l'administration supérieure, viendraient se joindre à ceux du département de la Seine, à Paris, leur *capitale*.

Paris, ville éminemment française, ville où l'on vient, non-seulement de la province, mais de l'univers entier, pour s'y débarrasser des us et coutumes de sa localité, et pour s'y procurer métier, profession, science ou art ;

Ecole supérieure en tous genres, foyer de toutes lumières, exhibition perpétuelle de nouveaux produits, centre civilisateur, mine d'intellect, où chacun peut venir s'enrichir ; mais en piochant, cherchant avec ardeur à produire plus et meilleur ;

Population d'élite, car elle cherche la lumière, l'indépendance et le bien-être ;

Ville sans caractère particulier, comme le prouve la composition de ses résidents ,

Dont les sept dixièmes sont de toutes les provinces de la France ;

Deux dixièmes sont de tous les pays du monde, et où un dixième seulement est Parisien d'origine ;

Sans compter sa population flottante ; car l'on peut dire que nulle autre ville ne voit autant de visiteurs.

De ce concert d'idées surgit l'inspiration qui conduit les sociétés vers le mieux.

Il est vrai que cette population active supporte difficilement l'entrave.

Il est si bon de marcher débarrassé de toutes étreintes ridicules, de se sentir se développer !

Le Conseil national, quoique d'un ordre supérieur, n'aurait pas à s'immiscer dans les administrations départementales ni communales.

Il n'aurait à s'occuper que de ce qui leur est commun et les relie entre elles.

Ces conseillers n'auraient pas les pouvoirs constituants, législatifs, ni même représentatifs ; car, comme le dit fort bien J.-J. Rousseau :

« La souveraineté ne peut être représentée, par la même
« raison qu'elle ne peut être aliénée ; elle consiste essen-
« tiellement dans la volonté générale, et la volonté ne se
« représente point ; elle est la même ou elle est autre ; il
« n'y a point de milieu.

« Les députés du peuple ne sont donc ni ne peuvent être
« ses représentants : ils ne sont que ses commissaires ; ils

« ne peuvent rien conclure définitivement. Toute loi que
« le peuple en personne n'a pas ratifiée, est nulle ; ce n'est
« point une loi. »

Les membres du Conseil national seraient tout simplement *des
délégués ;*

Délégués chargés de former et diriger les six administrations
(ou ministères); embrassant tout ce qui est commun à la nation ;
d'élaborer les projets de lois et de règlements devant être soumis à
la sanction de la collectivité.

Comme cela va être expliqué ci-après.

Constitution.

C'est le cri de tous les partis ! Chacun d'eux voudrait voir les
autres s'engager à être ses sujets, tandis que les gens de bien,
qui forment la grande majorité, désireraient définitivement s'as-
socier entre eux solidairement pour se soustraire à leurs préten-
tions.

Constituer un gouvernement, c'est se constituer gouvernés.

Constituer quelqu'un, c'est se dessaisir de ce dont on le constitue.

Constituer un chargé d'affaires, c'est se déclarer incapable de
les faire soi-même.

Si constituer c'est construire, construire quoi ? une barrière,
un obstacle pour faciliter les uns et entraver les autres ?

Constituer quelque chose qui contraigne les uns et les autres,
ce serait gêner tout le monde.

Une constitution terminée, c'est une œuvre à démolir pour
faire place aux besoins naissants.

Nous citerons pour preuves celles de 1791, de 1793, de 1795
ou l'an III, de 1800 ou l'an VIII, etc., etc., sans oublier les
chartes de 1814 et de 1830, qui ne furent pas plus des vérités
que l'empire ne fut la paix.

Nous le répétons, pour être un pays constitutionnel, il ne faut
pas avoir de Constitution fermée ; témoin l'Angleterre !

Suivant nous, il suffirait d'avoir des lois fondamentales dont
la dernière annulerait la précédente sur le même objet ; car toute
loi qui s'adjoint à une autre n'est qu'un article additionnel à ladite loi, et le troisième article additionnel devrait impliquer le
remaniement de cette loi.

Vous dites, Messieurs, que c'est tout le contraire, que la Constitution est une entrave, un frein au despotisme, que vous l'im-
posez au chef auquel vous confiez les *rênes de l'État.*

Permettez ! les rênes servent à conduire, alors vous bridez l'État et le déclarez incapable de se diriger lui-même.

Se déclarer incapable et se livrer à un de ses semblables, nous paraît un acte de déraison.

Tout cela tendrait à prouver qu'il n'y a pas de milieu possible, qu'il faut être soi ou la chose d'autrui.

Nous, nous croyons que les citoyens pourraient être unis de manière à être utiles les uns aux autres, nous dirions même indispensables, de telle sorte que l'on ne puisse dire quel est le plus ou le moins utile.

L'on ne peut formuler d'une manière définitive que les droits mutuels en raison de leur conformité avec la loi naturelle.

S'il y avait lieu, comme nous le pensons, de formuler les droits et les devoirs des citoyens entre eux, cela devrait être un acte d'association et se nommer contrat social, lequel serait toujours perfectible.

Le contrat d'une Société comme la nôtre ne doit pas seulement contenir les clauses de l'union des contractants; il doit être toujours modifiable, perfectible, changé à chaque nouveau besoin, à chaque réclamation faite par la majorité des citoyens.

Ce terme *contrat perfectible*, doit convenir à une société assez intelligente pour comprendre qu'elle a besoin de progresser sans cesse et de marcher toujours et indéfiniment vers le mieux.

Ce contrat pourrait donc simplement énoncer que :

Les Français, majeurs en civilisation, s'administrent eux-mêmes pour se garantir mutuellement leurs biens et leurs libertés; c'est-à-dire leur capital bras, leur capital acquis, leur MOI;

Qu'ils sont égaux entre eux en droits, et qu'ils ont aussi les mêmes devoirs;

Qu'ils jouissent de toutes les libertés; que ces libertés n'ont d'autres limites que la gêne d'autrui;

Qu'ils ont pour principe fondamental, le suffrage universel direct et s'étendant à toutes les fonctions, et pour règle le libre concours, en tout et pour tout;

Que le pouvoir mis en commun est inaliénable et constitue la COLLECTIVITÉ SOUVERAINE.

Car, comme le dit J.-J. Rousseau :

Chacun de nous met en commun sa personne et toute sa puissance sous la suprême direction de la volonté générale, et nous recevons en corps chaque membre comme partie indivisible du tout.

A l'instant, au lieu de la personne particulière de chaque contractant, cet acte d'association produit un corps moral et collectif, composé d'autant de membres que l'assemblée a de voix,

Lequel reçoit de ce même acte son unité, son moi commun, sa vie et sa volonté.

Cette personne publique qui se forme ainsi par l'union de toutes les autres, prend le nom de République.

Des Lois.

Les décemvirs avaient raison lorsqu'ils disaient au peuple romain : *Si tu veux avoir de bonnes lois, fais-les toi-même.*

Il paraît que de tout temps il y a eu des paresseux qui désiraient que l'on fît leurs affaires à leur gré, sans qu'ils s'en occupassent ;

Gens criant fort, et qui ont toujours été cause que toutes plaintes, même des mieux fondées, n'ont point trouvé d'échos.

Permettez-nous de vous citer l'opinion de quelques penseurs au sujet des lois :

Le peuple soumis aux lois doit en être l'auteur.

(J.-J. ROUSSEAU.)

La République est un État où le peuple souverain, guidé par des lois qui sont son ouvrage, fait par lui-même tout ce qu'il peut très bien faire, et par des délégués tout ce qu'il ne peut pas faire lui-même.

(ROBESPIERRE.)

Toute loi à laquelle le peuple n'a point concouru, qui n'émane point de lui, est nulle de soi.

(LAMENNAIS.)

Il est impossible de fonder un gouvernement régulier, sensé, sans que les décisions prises par le pouvoir législatif soient soumises à un double examen.

(THIERS.)

Évidemment, il faut que celui pour qui elle est préparée examine l'œuvre de l'élaborateur, *car toute loi que le peuple en personne n'a pas ratifiée est nulle, ce n'est point une loi.*

(J.-J. ROUSSEAU, déjà cité.)

La loi, dans tout État, doit être universelle :
Les mortels, quels qu'ils soient, sont égaux devant elle.

(VOLTAIRE.)

Ce besoin d'égalité devant la loi a pénétré tous les esprits.

Pour éviter toutes surprises et laisser le temps à la réflexion, toute loi devrait être assujettie à la formalité d'un triple débat.

Tel est aussi notre avis.

Effectivement, puisqu'une loi est une convention, il faut que la formule soit acceptée par les contractants; car le consentement des parties qui s'obligent est essentiel.

Il ne suffit pas que notaires ou architectes aient plus d'esprit, plus de savoir que ceux qui les choisissent comme conseillers, pour qu'ils se croient autorisés à procéder selon leur bon plaisir.

On a de la peine à comprendre, du reste, qu'une pareille idée soit venue à l'esprit d'un homme de sens! et pourtant.....

En suivant notre système, la chose se ferait simplement, chaque discussion et chaque délibération seraient portées tous les jours à tous les conseils directeurs des administrations du pays par le *Journal officiel*, en opérant de la manière suivante :

Supposons même les Conseils départementaux hors sessions, ces Conseils auraient laissé des contrôleurs, qui inviteraient leurs collègues les conseillers, par la voie du journal *officiel* du département, à déclarer s'ils approuvent ou non la loi ; leurs décisions seraient portées par ledit officiel à tous les cantons et à toutes les communes du ressort; du reste, remarquez-le bien, les conseillers et leurs suppléants étant chez eux, seraient quelque part où l'on discuterait.

Les Conseils communaux en permanence, et éclairés par les Conseils départementaux et cantonaux, discuteraient et afficheraient les délibérations à la porte de la maison commune.

Cette publication devrait se terminer par ce rappel : Si dans les dix jours (*conformément à la loi*), la majorité des électeurs *inscrits* n'est pas venue infirmer notre délibération, elle sera portée au canton.

Supposons que le tiers des électeurs ait réclamé une réunion et qu'ils délibèrent; que leur décision soit prise à la majorité des *inscrits*, car (*qui ne dit mot consent*) le Conseil en tiendrait compte et le notifierait.

Le canton résumerait les décisions communales, pour les transmettre au département, qui procéderait de même pour les transmettre à ses délégués au Conseil national.

Croyez-vous, Messieurs, qu'une loi ainsi examinée, discutée, au moins par le million d'hommes qui seraient *députés pour régir la société,*

(*Les électeurs libres d'intervenir, comme vous l'avez vu.*)

Pensez-vous qu'une loi qui serait l'ouvrage de la collectivité, ne vaudrait pas une loi *imposée?*

Ne serait-ce pas aussi le meilleur moyen d'en faire pénétrer l'esprit parmi les *populations.*

Quant à la célérité, à l'aide des moyens de communication dont on dispose aujourd'hui, sans compter sur ceux bien plus considérables dont pourrait disposer un *pays libre*, quinze jours suffiraient.

Et nous, nous croyons qu'un mois d'intervalle entre chaque lecture, qui serait également une publication, serait nécessaire, indispensable pour procéder sans précipitation ; de la sorte deux publications seraient consacrées à l'examen et la dernière à l'adoption ou au rejet de la loi, par oui ou par non.

Pour les circonstances qui réclameraient l'urgence, la spontanéité, événement qui serait heureusement très rare sinon impossible, dans notre organisation ; enfin, si l'on autorisait le Conseil national à rendre un décret dans *des cas extrêmes*, on devrait l'astreindre à le porter instantanément à la connaissance de tous les Conseils du pays, par la voie télégraphique, ce qui permettrait, dans les trois jours au plus, d'avoir en retour soit leur sanction ou leur désaveu.

Le décret que pourrait réclamer une circonstance fortuite ou une force majeure quelconque, ne devrait avoir qu'une valeur provisoire, et devrait disparaître avec la cause qui l'aurait fait naître.

Ce fait mettrait en éveil la souveraine collectivité, souveraine qui, du reste, ne pourrait pas être surprise, parce qu'elle serait tout ce qui est, et qui ne pourrait pas être détruite, étant immortelle.

Qui pourrait-on attaquer ? le Conseil de l'administration nationale, ce tout qui n'est rien ? Ce serait un acte de folie, les fous sont faciles à réprimer.

L'une des qualités essentielles de notre organisme consiste en ce que le pouvoir y est *insaisissable ;* car la collectivité qui ferait ses lois, se gouvernerait elle-même ; alors qui pourrait songer à attaquer ce gouvernement de tous par tous et pour tous, *ou soi s'administrant.*

Revenons au fonctionnement.

Les délégués à la direction *de tout ce qui est national* se réuniraient, à Paris, le premier lundi du mois de mai de l'année des élections, et de même tous les ans.

La réunion serait présidée, selon l'usage, par son doyen d'âge.

Le président rappellerait à l'Assemblée que, conformément à la loi du....., elle doit se diviser en six groupes, et par spécialité correspondante à chacun des ministères, afin de concourir à la formation des six commissions, composées chacune de *cinquante-trois membres.*

A cet effet, le président inviterait les délégués à passer dans la salle des séances de la commission dont ils désireraient devenir membres.

Là, chacun ferait inscrire son nom et ses titres pour la spécialité à laquelle il se croirait particulièrement propre à concourir.

Le lendemain, chacun trouverait la liste des concurrents imprimée, et une feuille numérotée, sur laquelle il inscrirait les cinquante-trois noms de son choix.

Le résultat du dépouillement paraîtrait à l'*Officiel*.

Les cinquante-trois membres ayant obtenu le plus de voix seraient proclamés conseillers ; ceux qui viendraient après seraient inscrits au registre des membres suppléants de la commission par ordre de suffrages.

Chaque commission nommerait son président, ses deux vice-présidents, ses deux secrétaires et son questeur.

Les six commissions, réunies en grand Conseil, choisiraient le président parmi les six présidents des six commissions.

La commission dont le président aurait été appelé à présider le Conseil national, appellerait son premier suppléant pour se compléter, et elle se choisirait à nouveau un président.

Pour les questions, les lois, les articles de *contrat social*, qui ne seraient pas du ressort exclusif d'une des commissions spéciales, il y aurait une commission extraordinaire à cet effet.

Chaque commission choisirait dans son sein les dix membres les plus capables pour composer cette commission, qui serait présidée par le président du Conseil.

Cette commission, composée de soixante et un membres, serait chargée d'élaborer les questions générales ou extraordinaires que le Conseil y enverrait.

Le président, le premier secrétaire et le questeur de chaque commission seraient vice-présidents, secrétaires et questeurs du Conseil.

Le Conseil national se trouverait ainsi composé de trois cent dix-neuf membres.

Sa majorité serait irrévocablement fixée à *cent soixante; nous n'admettons pas d'autre majorité*, comme nous l'avons déjà dit, afin d'éviter toutes surprises, tous scandales.

Le jeu des suppléants s'explique de lui-même : ils seraient auditeurs libres et correspondants du Conseil par la voie de la commission à laquelle ils appartiendraient.

La formation des commissions à l'avance a pour but d'éviter la création des coteries et l'introduction de l'esprit de parti.

Nous repoussons l'intrigue, et nous n'admettons que la probité, l'aptitude, le savoir, l'esprit, qualités sans lesquelles nul ne pourrait prétendre *à diriger la société*.

Nous croyons qu'il devrait être accordé au moins dix jours aux membres suppléants, pour qu'ils entendent les rapports des ministres et connaissent les changements qui pourraient être opérés dans l'administration, changements qui pourraient les faire conseillers ou fonctionnaires.

La division que nous proposons nous paraît nécessaire, indispensable, parce qu'il a été prouvé que les assemblées par trop nombreuses élaboraient difficilement et mal.

Les commissions, composées par séries d'aptitudes, éviteraient ces scandaleuses luttes politiques qui présidaient naguère à leur formation, et les composaient de lutteurs et non d'experts.

Des gens honorables doivent simplifier et activer leurs travaux, en se les répartissant selon leurs capacités, afin d'éviter tout gaspillage du temps et des deniers publics.

Ce mode, beaucoup plus digne, permettrait de faire six fois plus d'ouvrage dans le même espace de temps, et de le faire bien meilleur.

Le Conseil directeur étant formé, il entendrait le rapport de chacun des ministres sur sa gestion annuelle, afin qu'il connaisse la situation générale du pays et l'état de ses relations avec l'extérieur.

Le Conseil recevrait également l'avis de chaque ministre, sur les besoins que l'époque ou les circonstances leur auraient fait pressentir.

Tous les fonctionnaires étant ses délégués, ils pourraient être convoqués par les commissions desquelles ils dépendent, pour avoir à leur rendre compte de leurs actes.

Les comptes rendus terminés, tous les rapports, les budgets et les observations seraient remis aux commissions spéciales,

Commissions qui devraient les examiner avec un soin minutieux, afin que les rapports faits sur chacun d'eux eussent la valeur sérieuse d'un contrôle impartial.

De ces rapports, discutés au grand Conseil, il ressortirait sanction ou blâme, maintien ou révocation de ceux qui auraient administré conformément ou contrairement au vœu de l'opinion publique.

Les ministres, comme tous les administrateurs, seraient *toujours révocables et indéfiniment rééligibles*.

Les ministres ne devraient pouvoir être choisis au concours que parmi les membres du Conseil national, de par la loi, ou plutôt de par un article du contrat social.

Dans notre système, le ministère le plus important serait celui des relations extérieures; car ce ministère réclamerait un homme éminent, capable d'entretenir de bons rapports avec les puissances et de calmer l'irritation que pourrait faire naître notre organisation.

Pour le remplacement des administrateurs ou fonctionnaires, la commission relative au ministère qu'elle assisterait, présenterait des candidats pris, suivant l'importance de l'emploi, soit parmi les délégués à la Direction nationale, soit parmi les notables, mais au moins parmi les députés, conformément à la loi.

Le Conseil dirigeant choisirait entre les concurrents celui qui lui offrirait le plus de garanties d'aptitudes.

Cette sorte de concours débarrasserait les ministres, rendrait les révocations faciles, et la formation des coteries impossible.

Les ministres, n'étant que délégués, ne seraient plus changés à tous propos, comme sous l'organisation monarchique; donc plus de crises ministérielles.

Des Ambassadeurs.

Permettez-nous d'appeler votre attention sur les ambassades et sur les ambassadeurs.

Ces fonctions d'apparat, dont le luxe est onéreux (car il y a des traitements de *deux cent cinquante mille francs!* et des frais de représentation exagérés), ne conviendraient guère à une nation d'hommes libres; elles devront subir une transformation et devenir aussi simples que dignes.

Au lieu d'ambassades fastueuses, l'opinion publique réclame de simples chargés d'affaires ne pouvant pas troubler nos bons rapports, des hommes capables, honorables et savants, dont la vraie dignité imposerait le respect.

Ces citoyens coûteraient beaucoup moins et feraient assurément mieux.

Cette simplification a d'autant plus sa raison d'être que les moyens de communications sont plus faciles; car, indépendamment des voies rapides, nous avons la télégraphie, plus rapide encore, qui permet la correspondance instantanée d'une capitale à l'autre.

Pour les sous-chargés d'affaires (ou consuls), et les agents consulaires, la République pourra faire aussi bien, et peut-être mieux encore que l'aristocratique Angleterre, laquelle ne confie généralement ses consulats et ses agences qu'à des hommes de science, à d'excellents explorateurs ou à d'intelligents industriels, à l'aide desquels elle fonde des établissements sur tous les points et ouvre des débouchés fructueux pour la patrie.

Chez nous, le libre concours amènerait des hommes supérieurs, aux relations extérieures.

Le chargé d'affaires est aussi facile à remplacer qu'un autre fonctionnaire. Supposons qu'un ambassadeur donne lieu à des plaintes qui nécessitent son remplacement, le ministre s'étant préalablement entendu avec ses collègues, viendrait s'entendre avec la commission des relations, laquelle choisirait, s'il y avait lieu, des candidats et metrait à l'ordre du jour le plus prochain la demande de rappel et la nomination du remplaçant.

Remarquez que la présence du grand Conseil permettrait à la Commission de demander sa réunion pour le même soir, s'il y avait péril.

Remarquez aussi qu'en son absence le contrôle pourrait obtenir l'autorisation de déléguer tel ou tel en vingt-quatre heures.

Par notre système, tout est prévu, prêt, sous la main, même la personne à déléguer; car elle doit sortir de la Commission des relations extérieures.

Les autres ministères ne seraient pas plus entravés par l'intervention du Conseil national.

Le but du système, nous le répétons, est d'établir la voie du concours en tout et pour tout; de faire au moins ce que fait la marine, qui ne doit pas confier un bateau de charbon et cinq hommes d'équipage à un homme sans titres obtenus après un sérieux examen.

Dans le cas de démission ou de décès d'un ministre, le Conseil étant absent, le membre du contrôle représentant la Commission préposée à ce ministère en ferait l'intérim, et en donnerait avis à ses collègues par voie télégraphique, et le contrôle le ferait savoir à tous par son rapport inséré à l'*Officiel*.

Chaque membre de ladite Commission enverrait immédiatement au contrôle, par le télégraphe, le nom du candidat qu'il aurait choisi, pour le proposer au Conseil.

Le résultat du dépouillement de ce scrutin serait publié dans l'*Officiel*, ce qui permettrait à chaque conseiller national d'adresser son choix par le télégraphe, et la confirmation de son vote par la poste.

Dans le cas où (par impossible) le ministère tout entier se retirerait, le Conseil national devrait se réunir immédiatement afin de pourvoir à son remplacement.

Si dans l'intervalle d'une session à l'autre il survenait des événements que l'on ne peut prévoir, chaque membre du contrôle les porterait à la connaissance de la Commission dont il émane, par voie télégraphique, le contrôle ferait connaître son appréciation par l'*Officiel*, et chaque conseiller répondrait : Il y a ou il n'y a pas lieu à se réunir.

De la Responsabilité.

Nous croyons, Messieurs, que les derniers événements vous ont suffisamment démontré la valeur des responsabilités.

Il est un axiome qui dit : « Mieux vaut prévenir que châtier. »

Aussi croyons-nous préférable de rester nanti de nos millions que de songer à courir après.

Cela nous préserverait au moins de ces troubles désolants, qui ne s'opèrent qu'avec nos deniers.

Nous savons, hélas! comme tous les peuples, que les couronnes ne se pêchent qu'en eaux troubles et que nous sommes l'appât.

Comme nous, vous devez désirer le calme.

Notre système non-seulement le procurerait, mais il le garantirait pour toujours.

En acceptant notre organisation, l'on n'aurait que faire de la responsabilité. Ne confiant rien à l'individualité, le moindre fait ne pourrait s'accomplir sans l'assentiment du Conseil dirigeant, qui lui-même devrait s'appuyer sur la loi.

Le concours a mission de barrer le passage aux fripons; de plus, nos administrateurs ne recevraient qu'une équitable indemnité. Cela ne suffirait pas aux insatiables intrigants; nous les verrions alors (avec plaisir) s'éloigner de notre administration, n'y trouvant pas une voie lucrative.

Clôture de la session.

Nous avons dit que la session du Conseil directeur de l'administration supérieure n'aurait pour terme que l'épuisement des affaires.

Nous n'avons pas besoin d'établir que le Conseil n'aurait aucun avantage à une prolongation; car l'indemnité démocratique serait sans appât, et ce Conseil ne pourrait être comparé à rien de ce qui fut, puisqu'il serait composé de l'élite d'une nation libre.

Avant de clore leurs travaux, les directeurs devraient créer un contrôle qui resterait à Paris, en permanence, pour les représenter et les tenir au courant de la marche de l'administration.

Pour cette nomination : 1° la Commission extraordinaire choisirait dans son sein le président du contrôle, puis elle s'ajournerait; 2° chacune des Commissions ordinaires choisirait également dans son sein le membre qu'elle croirait le plus digne de la représenter, puis elle prononcerait aussi son ajournement.

Le Conseil réuni, après avoir sanctionné la formation du contrôle, prononcerait la clôture de la session.

Les conseillers restés disponibles rentreraient dans leurs foyers, sans pour cela cesser de suivre, avec l'intérêt que leur mandat sollicite, les affaires du pays.

Etant en contact avec l'opinion publique, ils seraient à même de procurer des renseignements judicieux, puis les sessions de la commune, du canton et du département devant se suivre de mois en mois, nous croyons qu'il serait du devoir de tous délégués au

Conseil national de les suivre progressivement, afin de se bien pénétrer du vœu de la généralité, et de s'éclairer sur les besoins du pays.

. Le contrôle supérieur représenterait le Conseil directeur; il aurait pour mission de chercher à concilier tous les différends avant d'en appeler à la Commission spéciale ou au conseil.

Chaque membre du contrôle serait inspecteur du ministère auquel était préposée la Commission dont il est le délégué, et toutes les administrations du ressort dudit ministère seraient de même soumises à son inspection.

Le contrôle recevrait toutes réclamations, toutes plaintes, ainsi que toutes pétitions ou projets; il les transmettrait à qui de droit, en les appuyant, s'il y avait lieu de le faire.

Il signalerait aux directeurs, soit par la voie du *Journal officiel*, soit par celle de la télégraphie (attendu qu'il disposerait de ces deux moyens), toutes infractions ou toutes atteintes portées au contrat social ou aux lois.

Ses réunions auraient lieu tous les jours, afin que ses membres pussent se communiquer mutuellement les renseignements qu'ils auraient obtenus sur la marche des affaires et sur le résultat de leurs inspections.

Puis il rédigerait le rapport qu'il devrait adresser chaque jour à ses codirecteurs par la voie du *Journal officiel*.

De la Dissolution.

Dame routine vous fait dire, *mais dans le cas ?*

Pardon, Messieurs, nous allons encore le répéter, avec le désir d'être enfin explicite.

Le Conseil supérieur ne serait point une Assemblée de représentants chargée de gouverner à sa guise.

Ce Conseil serait composé de délégués chargés de diriger l'administration de tout ce qui est national, suivant le vœu de la souveraine collectivité.

Chacun d'eux est révocable, à toute heure, par la majorité du Conseil départemental qui l'a délégué.

Le révoqué n'est pas remplacé par le Conseil qui le rappelle, mais par un suppléant dans sa catégorie d'aptitude, et voici pourquoi :

1° Parce que ce serait pousser son concurrent à intriguer pour obtenir la majorité qui lui a primitivement fait défaut, et se faire substituer par surprise;

2° Parce que nous ne croyons pas que l'on doive agiter les départements entre les périodes électorales, ce qui serait retomber dans l'ornière monarchique, c'est-à-dire laisser l'intrigue pêcher en eau trouble ;

3° Parce que la nation ne doit pas être détournée de l'attention qu'elle doit porter sur le Conseil national ;

Et, en résumé, parce que, sous les monarchies, les minorités, au lieu de chercher le moyen de démontrer, par le raisonnement, qu'elles étaient dans le vrai, se formaient en coteries, et tâchaient de capter quelques mécontents ou quelques ambitieux, afin de devenir majorité, majorité de mauvais aloi, comme celle que se procurait le pouvoir (c'est-à-dire le maître), à l'aide de la corruption.

Dans notre organisation, le délégué deviendrait sujet national ; il n'aurait pas à s'occuper plus particulièrement de son département que d'un autre, attendu que son département serait indépendant et libre de se donner ce qui lui plairait.

Nous sommes heureusement loin de ces temps de servitude, où l'on choisissait, pour se faire représenter, un homme agréable au pouvoir, un valet de cour, pour lui faire solliciter des faveurs au détriment du voisin laborieux ; loin de ces temps, où une grande partie du peuple se contentait de la vie servile, au lieu de chercher à conquérir la dignité que doit procurer le travail, et se privait, par paresse, du nécessaire que l'on doit se procurer mutuellement ; car la cause de la misère réside dans le chômage ; supprimez-le, *nul ne manquera de rien.*

La souveraine collectivité aurait mieux que la dissolution ; elle procéderait par voie de véto ; mais notre souveraine ne serait pas comme les tyrans imposant leur vouloir selon leur bon plaisir ; elle ferait d'abord examiner par des pairs, des arbitres naturels, elle ne jugerait qu'après avoir entendu le pour et le contre dans une longue discussion des parties intéressées comme elle, et après avoir mûrement réfléchi.

Tous ces juges insaisissables et de droit, permanents et multiples, viendraient mettre un frein, s'il y avait emportement ou écart, sans éveiller de jalousie ni froisser l'orgueil du Conseil ; ils l'arrêteraient sans menaces ; ils le contiendraient sans provocation. Cette magistrature, qui ne s'exercerait que d'une manière accidentelle, n'affaiblirait point, en disant : Veuillez donc remanier ce projet ou ce plan, pour telle ou telle raison.

Et, remarquez-le bien, le Conseil aurait-il raison en fait, qu'il aurait eu le tort de n'avoir pas su démontrer péremptoirement qu'il était dans le vrai, les intelligents le comprendraient très bien.

Mais, dites-vous, si un grand nombre d'obstinés se retiraient. Eh bien ! les suppléants seraient là pour continuer jusqu'aux élections prochaines, temps nécessaire pour rétablir le calme dans les esprits.

De la Présidence des Républiques.

Nous avons dit que notre système n'admettait pas la Présidence, et cela parce qu'il comporte une souveraine : *la Collectivité*.

Mais, direz-vous, la Présidence doit avoir quelque raison d'être.

Oui, en tant qu'intérimaire.

Lorsqu'un monarque tombe sous le poids du mépris général, que pour ses actes il est repoussé par l'opinion publique, on nomme un Président qui garde le siége du pouvoir convoité par les partis, on acclame la République que désire le peuple, on obtient ainsi le calme en disant : La parole est à la nation !

Si la nation acceptait encore un roi, il prendrait le pouvoir et la présidence disparaîtrait.

Mais si le pays, se sentant majeur, rentrait en possession de lui-même, et s'il proclamait la collectivité *souveraine*, la logique voudrait que la présidence disparût également, car le public, devenu roi, ne pourrait pas avoir de maître.

Mais, direz-vous, si la majorité préférait un moyen mixte, c'est-à-dire un chef sans cour ni liste civile ?

Ce serait vouloir l'impossible, une demi-mesure ne désarmerait pas les partis. Elle augmenterait tout au contraire les divisions, ce qui ne permettrait plus la moindre réforme.

Car, comme le reconnaissent beaucoup d'hommes illustres, la présidence, chez nous, où les prétendants pullulent, ne peut pas se succéder, attendu qu'elle est incapable de conserver cet organisme dont les uns veulent s'emparer, et que les autres veulent réformer, sans s'entourer de gens qui la secondent.

Pour les avoir selon les us et coutumes que nous a incrustés le monarchisme, il lui faut les prérogatives royales, nous ne voulons pas dire le titre, le manteau, ni même la couronne, car cela ne donnerait aucun pouvoir, mais ce qui procure la puissance, c'est-à-dire *avoir les mains pleines de faveurs à distribuer !*

Et, comme vous le disiez fort bien, Messieurs, quel que soit l'homme qui aura les mains pleines de faveurs à accorder, il aura immédiatement des défenseurs pour protéger son vouloir, et cet entourage n'aura pas de peine à lui prouver qu'un homme éminent vaut mieux et est bien préférable, même pour le pays, au plus capable des prétendants muni d'un parchemin de mauvais aloi, témoin les Bonaparte et autres.

Et si ces nouveaux courtisans parviennent à lui faire dire ce qu'a dit Bonaparte : *J'ai le pouvoir en main, je le garde*, c'est un parti de plus dans l'arène, ce qui fait dire à nos amis que la présidence ne peut qu'être funeste à la République.

(*Vous devez connaître le prix des implantations dynastiques ?*)

Tandis que si on parvenait à établir une République vraiment démocratique, *sans présidence*, République dans laquelle nul n'aurait la moindre prérogative, alors vous verriez tomber des mains toutes les *marottes*.

Ce qui permettrait au pays de s'organiser solidairement en société progressive.

Economies.

Ou plutôt quelques économies qu'il faut joindre à toutes celles déjà précitées.

En supprimant l'organisation monarchique, l'on économiserait les frais de cour, que Cormenin, qui s'entendait en listes civiles, déclarait ne pouvoir coûter moins de trois cents millions par an à la nation.

Car le roi ne figure jamais que pour la dixième partie.

L'on économiserait aussi ce que coûtaient les majorités qu'il fallait asseoir dans des sinécures et couvrir d'or, afin de relever leur valeur; sinécures qui dévoraient à la collectivité des centaines de millions, dont la morale publique réclame la suppression au moins par extinction; sinécures telles que celles de receveurs particuliers et de trésoriers généraux; emplois que la facilité des communications rend inutiles.

Notre organisation réduirait de plus des deux tiers le travail des ministres, et le rendrait plus facile dans les mêmes proportions, et conséquemment bien moins coûteux.

Notre Conseil national fonctionnerait très simplement et à peu de frais.

Ses sept Commissions remplaceraient avec avantage le Conseil d'Etat qui, sous les monarchies, se composait de toutes les personnes auxquelles *il plaisait au Roi* de conférer ce titre. Ils étaient répartis en six Comités, savoir :

Législation, Contentieux, Intérieur et Commerce, Finances, Guerre, Marine et Colonies.

Le budget de chaque ministère serait vérifié par la Commission qui l'assisterait, contrôlé par le grand Conseil et publié; ce qui permettrait la suppression de la Cour des comptes, dont les travaux, si chèrement payés, nous paraissent dérisoires; surtout quand nous considérons que son contrôle, *sans efficacité et sans publication*, ne s'exerce que sur des budgets clos depuis trois ans.

Si nous cherchons l'utilité réelle de cette magistrature, nous la trouvons tristement démontrée par les vols et les gaspillages des derniers règnes.

Le *Sénat*, ou Chambre haute (dite *de résistance*), cette superfétation si coûteuse, dont nous avons démontré l'inutilité à l'article *Loi*, n'aurait plus de raison d'être devant une *souveraine collectivité qui s'occuperait de ses affaires*.

Notre Chambre haute, à nous, serait le million de citoyens élus députés à l'administration du pays, assemblés en ses divers *comiciles*.

L'on économiserait aussi les frais de ces polices qui sont indispensables aux monarchies, polices chargées de surveiller les partis, du palais au grenier, d'épier tout ce qui se dit, de scruter tout ce qui s'écrit, tout ce qui s'imprime, tout ce qui se pense; de diriger les plumes vénales et la contre-presse, etc., etc.

Ces quantités d'hommes, que le faux principe dépravait, étant laissées (comme le veut notre système) dans le milieu moral de la production, y seraient plus heureux qu'ils ne l'étaient et l'avoir social s'accroîtrait de tout ce qu'ils produiraient.

La collectivité devenue souveraine, nul n'aurait plus à espérer la moindre prérogative; il n'y aurait plus rien à prétendre, donc plus de prétendants; alors plus de partis, ils disparaîtraient, et la surveillance avec eux.

La presse étant libre, plus de plaintes intéressantes; l'*Officiel*, étant bon nouvelliste, serait la meilleure contre-presse. La liberté de parler et d'écrire, cette lumière que les gouvernants cherchaient à obscurcir parce qu'elle les mettait à nu, serait vivifiante et indispensable aux coassociés pour qu'ils pussent marcher vers le mieux.

Enfin, le peu de police nécessaire deviendrait de moins en moins coûteux. Plus de fonds secrets; plus d'immorales tolérances; ce qui était nuisible deviendrait utile sans la moindre violence.

Mais, direz-vous, Messieurs, économiser les frais de luxe créés par les monarchies pour corrompre les fonctionnaires et se les attacher, c'est bien; mais si l'on supprime le faste employé dans nos relations, comment recevrons-nous les ambassadeurs et les souverains ?

La réponse est facile :

L'on procéderait d'une manière digne d'une grande République !

Les envoyés des puissances seraient reçus par le ministre des relations extérieures;

Les chefs d'États, par le président du Conseil national, entouré des ministres; il pourrait même inviter les vrais princes, c'est-à-dire les princes de la science, à vouloir bien se joindre à lui pour ce cérémonial.

Ces réceptions devraient se faire avec pompe et publiquement dans le temple de la Concorde, rendu à sa destination première.

Les souverains qui désireraient visiter notre pays le trouveraient florissant, et ils reconnaîtraient que Voltaire avait raison de dire :

Voulez-vous vivre heureux? vivez toujours sans maître.

Vous nous direz aussi : Cette équitable union ne devra-t-elle pas craindre la ligue et son souffle destructeur ? Si, mais l'on commence à comprendre qu'en laissant dévaster le champ du voisin l'on expose le sien ; la généralité voit la République d'un très bon œil, cela prouve qu'elle a compris le précepte de Zoroastre : *Deux arbrisseaux trop faibles s'appuyant l'un sur l'autre se fortifient contre l'orage.*

Nous savons également que l'Anglais, plus pratique que nous, fonde l'établissement avant de poser l'enseigne ; aussi le croyons-nous plus près que nous d'avoir une République bien assise.

Ah ! si l'Angleterre n'était pas aveuglée par sa soif de suprématie (*qui lui coûte si cher*), si la bonne foi unissait nos deux nations, si on les voyait la main dans la main, les peuples seraient délivrés du fléau de la guerre ; les mers deviendraient libres, et les plus barbares mettraient bas les armes à la vue de nos pavillons *unis !*

Cette union ferait le bonheur du genre humain, car elle donnerait à tous les peuples la faculté de multiplier paisiblement leurs richesses.

Mais revenons à notre projet.

Nous n'avons pu vous faire entrevoir qu'une faible partie des économies réalisables à l'aide de ce système, qui transformerait l'inutile en utile, et le ruineux en productif.

Nous avons la conviction que notre administration publique coûterait cent fois moins que le moins mauvais des gouvernements qui conserverait l'organisation monarchique.

Ce mode simple et économique permettrait de supprimer tous les impôts qui entravent la production, rendent la concurrence impossible, amènent le chômage qui engendre la misère ; impôts dont la plupart sont iniques.

Notre organisation administrative nous semble seule renfermer les moyens qui peuvent, dans le plus court délai, réparer nos désastres :

Par la réduction des frais généraux ;

Le rappel à la moralité,

Et le développement de la production.

Beaucoup d'hommes instruits, intelligents et honnêtes sentent aujourd'hui qu'un bien-être général serait préférable à *splendeur et misère*, et reconnaissent l'impérieuse nécessité de créer une situation meilleure pour la *collectivité.*

Nous croyons qu'elle réside dans notre mode d'application du suffrage aidé du concours, qui, suivant nous, mettrait fin aux discordes civiles, et donnerait au pays les institutions perfectibles qu'il réclame.

RÉSUMÉ

Le pays a compris que, pour n'avoir pas la guerre civile, pour arriver au calme, au travail fécondant, il faut accepter le gouvernement qui confondra tous les partis en un seul, composé de l'universalité des bons citoyens unis, quelles que soient leur origine et leurs opinions, pour réorganiser la France, et la conduire ainsi à un meilleur avenir, et ce gouvernement, il n'y en a pas un autre que celui de la République.   (THIERS.)

Oui, une réorganisation démocratique peut seule favoriser la regénération du pays.

Nous croyons que notre projet atteint ce but pour les gens de bien, mais il le dépasse peut-être pour ceux qui veulent conserver le feu sous la cendre du foyer de la discorde, feu que nous désirons éteindre à tout jamais.

En suivant notre application du suffrage universel, l'électeur possèderait son libre arbitre; il serait indépendant et aurait toute la lumière nécessaire pour exercer sa *souveraineté*.

Il élirait pour toutes les administrations du pays, sans dérangements préjudiciables.

Le *concours* élèverait et répartirait à toutes les fonctions; il ne laisserait arriver aux administrations que les plus honorables et les plus capables.

Les Conseils se composeraient de catégories d'aptitudes, et non de groupes de partis.

Devant le concours, les partis disparaîtraient sans qu'il y ait ni vainqueurs, ni vaincus : le mot parti deviendrait sans signification aucune.

Au lieu de gouvernements comme ceux du passé, qui se posaient en conquérants, qui nous imposaient des gouverneurs simplement chargés de nous faire contribuer et de soumettre la multitude lorsqu'elle s'indignait de leur voir dévorer jusqu'aux semailles, nous aurions une organisation simple et fort peu coûteuse, gérée par des hommes de notre choix, chargés d'améliorer la production en vue de la prospérité générale, de protéger le développement des sciences, qui, en retour, nous combleraient de leurs bienfaits.

Enfin, nous vous offrons une souveraine équitable, légitime, et d'autant plus stable qu'elle est immortelle, aux pouvoirs incontestables pour qui raisonne:

La seule qui puisse rendre la guerre civile impossible;

La seule qui puisse rendre le travail fécondant,

Et la seule qui puisse apporter à tous paix et liberté.

Son avénement serait celui de la raison, de l'harmonie et du bien-être.

C'est dans cet espoir, Messieurs, que nous avons l'honneur de vous présenter ce projet de réforme.

G. DUPUY .·.
Rue Ménilmontant, 164.

Paris. — Imp. Nouv. (assoc. ouvr.) 14, rue des Jeûneurs — G. Masquin et Cⁱᵉ.